EDUARDO PERALTA
Y
DANIEL G. BRAVO

El
HAGADA
DE PASCUA
DE LA
ÚLTIMA CENA
PRIMERA EDICIÓN

El HAGADA DE PASCUA DE LA ÚLTIMA CENA

Autor del Hagada de Pesaj: Dios

Revelado a: Moisés

Orden Litúrgico: Rey David

Rito: Judío Sefardí

NARRACION (NO PARTE DEL HAGADA)

Autor: Eduardo Peralta

Co-autor: Daniel G. Bravo

Edición:

Daniel G. Bravo

Leslie Lozano

Diseño:

Leslie Lozano

Publicado por:

Jerusalem Publishers, LLC

Impreso en Miramar Florida
ISBN 978-1-4951-0543-2

Queda prohibida, salvo excepción prevista en la ley, cualquier forma de reproducción, distribución, comunicación pública y transformación de esta obra sin contar con la autorización de los titulares de la propiedad intelectual. La infracción de los derechos mencionados puede ser constitutiva de delito contra la propiedad intelectual.

AGRADECIMIENTO

A Dios, por darnos discernimiento, por guiarnos y ayudarnos a encontrar en su Palabra el mensaje que Él quiere propagar.....

Le damos gracias eternamente a Dios por haber hecho este trabajo para El y le rogamos profusamente que lo haga de Su agrado.

CONTENIDO

INTRODUCCION..7
CONTEXTO HISTORICO.. 9
HAGADA DE PASCUA...12
LA BUSQUEDA DE LA LEVADURA..15
EL ENCENDIDO DE LAS VELA CERMONIALES....................16
PREPARACION DE LA BANDEJA DEL SEDER......................16
PRIMERA COPA, LA COPA DE LA SANTIFICACIÓN (DEL KIDUSH)............17
LAS HIERBAS AMARGAS..18
SEPARACION EL AFIKOMAN...18
LA SEGUNDA COPA, LA DE LA AFLICCIÓN..........................19
LOS CUATRO HIJOS DE LOS QUE HABLA LA BIBLIA..........20
LAS DIEZ PLAGAS...23
HIMNO DE GRATITUD..24
LA COMIDA CERMONIAL...25
EL LAVADO DE LAS MANOS...26
LA COMIDA FESTIVA... 28
LA BUSQUEDA DEL AFIKOMAN.. 28
LA ORACION DE DAR GRACIAS DESPUES DE COMER..... 28
LA TERCERA COPA, LA DE LA REDENCION....................... 29
INVOCACIÓN A LA MISERICORDIA DE DIOS....................... 30
LA CUARTA COPA, LA DE LA ALABANZA Y LA COPA DE ELIAS............ 33
EL GRAN HALEL SALMO 136.. 36
FIN DEL RELATO DE PASCUA JUDIO..................................39
EL RELATO DE LA PASCUA DE LA ÚLTIMA CENA..............39
BIBLIOGRAFIA...42
CITAS DEL PAPA BENEDICTO XVI......................................43
RELACIONADO CON EL CATECISMO DE LA IGLESIA CATOLICA.............44
CITAS BIBLICAS..47

HAGADA DE PASCUA DE LA ÚLTIMA CENA

HAGADA DE PASCUA DE LA ÚLTIMA CENA
INTRODUCCIÓN

Este libro ha sido escrito con el propósito de que el lector, descubra al Mesías tan anhelado por el pueblo de Israel a través del Hagada (palabra hebrea que significa relato)

Para nosotros los cristianos el Mesías ya llego, nació hace más de 2000 años y murió por el perdón de nuestros pecados, para luego resucitar, para que su Reino no tuviera fin.

Para que este libro tenga un mayor entendimiento, antes de empezarlo, debemos recordar que Jesús nació judío, su padre adoptivo José era descendiente directo del Rey David y Abraham y su Madre, nuestra Virgen María, era también judía y descendiente directa del Rey David y Abraham, según nos lo relatan los Evangelios.

Las escrituras del antiguo testamento, que ocupan más del 60% de nuestras Biblias, están llenas de profecías acerca de la venida de Jesús, desde el lugar de nacimiento hasta el lugar y las características de su muerte, de su resurrección y Reino celestial.

Tanto el Pentateuco (Génesis, Éxodo, Levítico, Números y Deuteronomio) también conocida por los hebreos como T orah o la Ley, al igual que los Salmos, los profetas, Jeremías, Isaías, Ezequiel y Daniel, profetizaron la llegada del Mesías.

Este libro también ha tomado el RELATO que usan los judíos Sefardíes; Es la historia del pueblo escogido, desde su salida de la esclavitud de Egipto, y cómo celebraba por mandato divino, año tras año su liberación con una cena que llaman Seder, en la cual mientras comen y beben recuerdan sus años de esclavitud y su liberación de la misma que fue guiada por Dios mismo a través de su siervo Moisés, la cena mientras va avanzando, poco a poco se va haciendo más y más Mesiánica hasta llegar al punto en el que la presencia del Mesías se hace tan real que a los Cristianos y sobre todo a nosotros los Católicos nos parece absurdo el que los judíos aun no hayan encontrado en su celebración la presencia de nuestro redentor.

Sabemos que muchos de nosotros, tenemos sentimientos encontrados con el pueblo judío, muchos fuimos enseñados que ellos fueron los que mataron a Jesús, sabemos sin embargo, que el grupo que pidió la muerte de Jesús estaba liderado por Caifás, judío sumo sacerdote que había sido nombrado por el prefecto Romano Valerius Gratus, antecesor de Poncio Pilatos. Caifás no solo pidió la muerte de Jesús, sino que también, fue el que en el juicio a Jesús, grito cínicamente que no tenía otro rey que al Cesar. Juan Pablo II y Nuestro Papa actual Benedicto XVI, han pedido perdón públicamente al pueblo Judío por haber sido y muchas veces aun, seguir siendo culpado por la muerte de Jesús. No podemos culpar a todo un pueblo, por el error de unos cuantos.

Llenarnos de odio hacia los judíos es odiar a Abraham, Isaac, Jacob, sus 12 hijos, de los cuales, esta Judá, del que está escrito que de su retoño saldría el Mesías, a David y a sus Salmos, a todos los profetas, a José, a María, a los 12 discípulos, a Jesús, a San Pablo, a los 3000 conversos Judíos de la primera predica de San Pedro, etc. Nuestra historia y Fe están tan ligadas a los judíos, que él solo pensar en odiarlos aparte de ser pecado, es ridículo.

Hemos sentido la necesidad de crear este libro, con el simple objetivo de dar a conocer las raíces de nuestros ritos, son ritos que Jesús mismo debió haber celebrado unas 33 veces en su vida, gracias a los evangelios sabemos que durante los 3 años que duro su predicación, celebro el RELATO como cualquier otro judío, y que la Ultima que celebro, fue la grandemente ansiada por El, y la que transformo la historia de la humanidad para siempre.

Este libro es una invitación a reconocerlo a Él, a Jesús, en este RELATO, especialmente entre la 3ra y 4ta Copa, también a reconocerlo en el partir del Pan y sobre todo, reconocerlo como el Cordero del Sacrificio Pascual.

Dejémonos llevar por el RELATO del Antiguo testamento, abramos nuestras mentes y nuestro corazones y lleguemos al Mesías, a Jesús de Nazaret, tal y como les debe haber pasado a los invitados a la Ultima Cena.

Dios permita que Así sea.

Contexto Histórico:

Jesús entra en Jerusalén a celebrar la Pascua Judía un día Domingo, el que todos conocemos como el Domingo de Ramos.

La Pascua Judía es la celebración de la salida del pueblo Judío de Egipto. ¿Cómo llego el pueblo Judío a Egipto?

Empecemos por la historia del patriarca Abraham.

Dios le dice a Abraham, a los 99 años que en un año tendrá un hijo.

De Abraham y Sara que eran ancianos nace Isaac.

Dios quiso probar a Abraham y le pidió que fuera al Monte Moriah, para ofrecerle en sacrificio a su hijo Isaac, cuando Abraham tomo el cuchillo para degollar a su único hijo, el Ángel de Dios lo llamo desde el cielo y le dijo: Abraham, Abraham, No toques al niño ni le hagas nada, pues ahora veo que temes a Dios, ya que no me has negado a tu único hijo. Abraham vio a un carnero enredado en una zarza, y lo ofreció en sacrificio en lugar de su hijo.

Dios al ver que Abraham no le había negado a su único hijo, le dijo: Vas a tener una descendencia equivalente a las estrellas en el firmamento.

Isaac tiene dos hijos, a Esaú y Jacob, Esaú era el primogénito. Jacob le roba a Esaú la bendición de su padre, que estaba ya Viejo y ciego. Su madre Rebeca, le cubrió las manos con la piel de cabritos, ya que Jacob era lampiño, cuando Isaac tomo las manos de Jacob, pensó que se trataba de Esaú y lo bendijo.

Dios le cambio el nombre a Jacob, lo llamo Israel, que significa fuerza de Dios, Israel tuvo a 12 hijos, las 12 tribus de Israel. Uno de sus hijos se llamaba José, el pastor, el más querido por Israel, y sus hermanos lo envidiaban por eso. Sus hermanos prefirieron tirarlo en un pozo seco antes que matarlo, y cuando vieron pasar una caravana que iba a Egipto, prefirieron venderlo.

José llega en calidad de esclavo a Egipto, después de pasar muchas desgracias, José es sacado de la cárcel para interpretar los sueños que perturbaban al faraón de Egipto, este había soñado con 7 vacas gordas y 7 vacas flacas, que terminaban comiéndose a las gordas....... José le interpreto el sueño al faraón: las 7 vacas gordas significaban 7 años de abundancia en las cosechas y las 7 flacas una gran hambruna. Entonces le dijo al faraón que debía acumular en los graneros del reino todo lo producido en los 7 años de abundancia, para consumirlos en los 7 años de hambruna.

José se convierte en la mano de derecha del Faraón, ya que gracias a su interpretación de los sueños, Egipto se salva de la hambruna, esa hambruna se extendió hasta las tierra de Canaan, donde vivía Israel con sus 11 hijos. Los hermanos de José, buscando comida llegaron a Egipto y es así como José de reencuentra con sus hermanos, quienes no le reconocen. José les hace meter presos y los libera dejando a Benjamín su hermano menor de rehén, con la condición de que traigan a su padre Israel a Egipto. Mientras tanto Israel recibe una visita de Dios, quien le dice que no tema en ir a Egipto, que de esa tierra
nacerá una gran nación, es así que Israel viaja a Egipto con toda su familia,
Cuando llegaron a Egipto, José salió al encuentro de su familia, José al encontrarse con su padre lo abrazo y lloraron profusamente.

Es así como las 12 tribus de Israel llegaron a Egipto, el Faraón les dio la región de Gosen, allí se establecieron y tal como le había dicho Dios a Israel, nació una gran nación, que fue creciendo generación tras generación.

Las generaciones fueron pasando y los israelitas eran muy fecundos, se multiplicaban y se hacían fuertes, siendo tan numerosos que los había en todo Egipto.

Entro a gobernar un faraón que desconocía de José y de que los había salvado de la hambruna, este faraón, viendo el tamaño y fuerza de ese pueblo, pensó que si venia una guerra ellos lo iban a traicionar. Es entonces cuando se le ocurre matar a los primogénitos hebreos.

Es en el transcurso de esa matanza de primogénitos, que Moisés, de la tribu de Levi, es colocado en una canasta recubierta con alquitrán y brea y puesto en el río Nilo, donde es encontrado por la hija del faraón.

Moisés ya adulto, descubre a su pueblo, que estaba viviendo en esclavitud, Dios se acordó de la Alianza con Abraham, Isaac y Jacob, y se le apareció a Moisés mientras cuidaba ovejas, en forma de Zarza ardiendo. Dios le dijo a Moisés que fuera a ver al Faraón para que liberar al pueblo de Israel.

Es así como Moisés regresa a Egipto, y va a ver al faraón, para pedirle que libere a su pueblo, el Faraón se niega. Es cuando Dios le dice a Moisés que advierta al faraón con las plagas, una por una le caen las plagas a Egipto, y el faraón seguía negándose de darles la libertad.

Es así que llega la décima plaga, Dios le pide a Moisés que le avise al faraón que si no libera a su pueblo, Dios matara a todo primogénito de Egipto, pero el Faraón se niega, es así, que Dios le dice a Moisés que sacrifique un cordero de un año de edad, sin mancha ni defecto, que lo sacrifique y que con la sangre del Cordero, pinten las puerta de las casas. El pueblo de Israel así lo hizo. Y esa noche Dios Paso por encima de Egipto, y mato a todos sus primogénitos. Y dejo intactas las casas de los Israelitas.

El faraón, viendo el poder de Dios, le permite salir de Egipto a los Israelitas, es así como salen bajo el liderazgo de Moisés, fue tan apresurada su salida, que salieron solo con panes que no pudieron dejar leudar....

En esa salida de Egipto, atravesaron el Mar Rojo, recibieron los 10 mandamientos, con lo que Dios sello la Alianza con Abraham, ahora el contrato tenia Leyes. A las tablas de la Ley, por mandato divino, le hicieron un Arca, La de la Alianza, el pueblo de Israel tardo 40 años en llegar a la tierra prometida.......... Jerusalén, en la que se asentaron, en la que florecieron como nación, tierra en la que construyeron el Templo como recinto para resguardar el Arca de la Alianza.

Cada año que pasada celebraban la fecha en la que habían salido de Egipto como esclavos, el 14 de Nisan fue cuando sacrificaron al cordero para pintar las casas y el 15 de Nisan fue cuando Dios paso por encima de las casa de Egipto....

Esta celebración paso de generación en generación, David mismo le dio el orden litúrgico al RELATO en Hebreo HAGADA.

Pasaron mil años después de David y el pueblo Judío seguía celebrando el Pasaj = Passover = Paso de Dios por encima de Egipto = Pascua Judía

Jesús siendo Judío, desde pequeño celebro el Relato de la Pascua Judía, cuando tenía 12 años se perdió en el Templo, en tiempo de pascua... creció haciendo el rito, y entro a Jerusalén un Domingo antes de la celebración de los panes sin levadura, razón por la cual fue a Jerusalén, El pueblo de Israel esperaba que el Mesías llegara en tiempo de Pascua, es por eso que Jesús fue recibido como un Rey.

Jesús, tres días después de haber entrado triunfante en Jerusalén, adelanta por un día, la Cena de Pascua, o sea al 14 de Nisan en vez de al 15 de Nisan, Celebra la Pascua un día Jueves al atardecer en vez del Viernes al atardecer.

Santa Teresa-Benedicta de la Cruz [Edith Stein] (1891-1942), Judía conversa, Carmelita Descalza, mártir, copatrona de Europa y SANTA MODELO PARA LOS ATLETAS DE CRISTO. Escribió en: La oración de la Iglesia

"Conocemos por los relatos evangélicos que Cristo oraba como oraba un judío creyente y fiel a la Ley... Que rezó las antiguas oraciones de bendición, que todavía hoy se rezan sobre el pan, el vino y los frutos de la tierra, nos lo atestigua el relato de su última cena con sus discípulos, que estuvo dedicada al cumplimiento de uno de los más sagrados deberes religiosos: a la solemne cena pascual, a la conmemoración de la liberación de la esclavitud de Egipto. Y quizás nos ofrece, precisamente esta cena, la visión más profunda de la oración de Cristo y la clave para entender la oración de la Iglesia...

La bendición y la distribución del pan y del vino eran parte del rito de la cena pascual. Pero ambas reciben aquí un sentido completamente nuevo. Con ellas comienza la vida de la Iglesia. Sin duda, será a partir de Pentecostés cuando aparezca abiertamente como comunidad llena de Espíritu Santo y visible. Pero es aquí, en la Cena pascual, cuando tiene lugar el injerto de los sarmientos en la cepa que hace posible la efusión del Espíritu Santo. Las antiguas oraciones de bendición se han convertido en boca de Cristo en palabra creadora de vida. Los frutos de la tierra se han convertido en su carne y sangre, llenos de vida... La comida pascual de la Antigua Alianza se ha convertido en la comida pascual de la Nueva Alianza".

EL HAGADA DE PASCUA DE LA ÚLTIMA CENA

NARRADOR:

Estamos aquí reunidos hoy Jueves Santo, para revivir una cena muy especial celebrada en el año 33 y que fue convocada y grandemente ansiada por el Mesías, Jesús de Nazared, a la que asistieron sus 12 discípulos (incluido el traidor).

Esta cena se llevó a cabo en un lugar que Jesús mismo nombro "El aposento alto", se celebró según las tradiciones judías y ellos la siguen celebrando por obediencia al 4to mandamiento: Exodo12:14 Este será un día memorable para vosotros, y lo celebraréis como fiesta en honor de Yahvé de generación en generación. Decretaréis que sea fiesta para siempre". Jesús siendo judío y Rabino, convoca esa noche a celebrar la cena siguiendo las leyes y tradiciones del pueblo escogido, paso a paso, lo cual era por supuesto conocido y familiar para todos los invitados.

Esta es una celebración que se realiza una vez al año y Jesús siendo Rabino, fiel practicante y siguiendo sus propios mandatos debe de haber participado desde que era un niño en cada una de ellas, hasta llegar a la más ansiada, la del año 33.

Hoy, todavía nuestros hermanos hebreos, esperan todo un año para realizarla, nosotros los católicos la celebramos en cada Misa.

Esta cena es la celebración de la Pascua. En la que los hebreos conmemoraban y celebraban la liberación del pueblo de Israel de la esclavitud en la que habían vivido bajo los egipcios. Es una celebración para dar GRACIAS a Dios por esa liberación.

Pascua significa: Acción de dar GRACIAS.

"Gracias" en traducción griega significa Ευχαριστία = Eucaristía.

Recordemos que nosotros los católicos llamamos a la Eucaristía la fuente y cima de toda vida cristiana. Es signo de unidad, vínculo de caridad y Es un banquete pascual en el que se recibe a Cristo, el alma se llena de gracia y se nos da prenda de vida eterna (Cfr. Compendio del Catecismo de Doctrina Católica n. 271). Además del nombre de Eucaristía suele denominársele Santa Misa, Cena del Señor,

Fracción del Pan, Celebración Eucarística, Memorial de la Pasión, Muerte y Resurrección del Señor, Santo Sacrificio, Santa y Divina Liturgia, Santos Misterios, Santísimo Sacramento del Altar y Sagrada Comunión.

Según Juan Pablo II: "La eucaristía es el sacrificio de la cruz" que se perpetua por los siglos, no solo se lo invoca sino que se le hace sacramentalmente presente; por esta Santa Eucaristía, el Sacrificio redentor de Cristo se actualiza a través de los tiempos., (encíclica: Ecclessia de Eucaristía 11-12)

En la celebración de la Pascua / Eucaristía existen 3 aspectos que son muy importantes de tener claros para poder entender mas esta celebración:

1.- Aspecto Pascual:
Porque es un dar GRACIAS, siguiendo al pie de la letra las normas dadas por Dios en el Antiguo Testamento, rito que se viene cumpliendo desde la salida del pueblo de Israel de Egipto.

2.- Aspecto sacrificial:
Derramamiento de sangre, El cordero pascual: Exodo12: 5-6 El animal será sin defecto, macho, de un año. Lo escogeréis entre los corderos o los cabritos. Lo guardaréis hasta el día catorce de este mes; y toda la asamblea de la comunidad de los israelitas **lo inmolarás entre dos luces.**

3.- Banquete de Bodas:
Es el Matrimonio entre Dios y su Asamblea o Iglesia, Jesús es el Novio y la Iglesia su Novia, como acto de fidelidad y amor incondicional. Después de la cena, desarrollaremos con más detalle este aspecto.

Luego de toda esta explicación, Ha llegado el momento de empezar la celebración de dar "Gracias", como la que celebró nuestro señor Jesús: El Seder ó La Cena Pascual, está llena de tradición y simbología.

Para empezar leeremos una vez más las palabras dadas a Moisés por nuestro Dios.

Éxodo 12:14 Este será un día memorable para vosotros, y lo celebraréis como fiesta en honor de Yahvé de generación en generación. Decretaréis que sea fiesta para siempre". Esta celebración es Católica, nuestro Señor Jesús nos dijo muy claramente en Mt. 5,17-37 "No piensen que vine para abolir la Ley o los Profetas: yo no he venido a abolir, sino a dar cumplimiento. Les aseguro que no desaparecerá **ni una i ni una coma** de la Ley, antes que desaparezcan el cielo y la tierra, hasta que todo se realice. El que no cumpla el más pequeño de estos mandamientos, y enseñe a los otros a hacer lo mismo, será considerado el menor en el Reino de los Cielos. En cambio, el que los cumpla y enseñe, será considerado grande en el Reino de los Cielos.

PARA EFECTOS DEL ENTENDIMINETO DE LA CENA, EL NARRADOR SOLAMENTE VA A SERVIR PARA EXPLICAR, MAS NO ES PARTE DEL RITO PASCUAL, EL DUEÑO DE CASA TAMBIEN CONOCIDO COMO CELEBRANTE ES EL PATRIARCA QUE PRESIDE LA CELEBRACION.

Narrador:

Antes de comenzar la cena, y siguiendo la tradición Judía Sefardí, se hace una oración que es un poema de Amor escrito por el Rey Salomón, hijo de del Rey David, este intercambio de Amor, relatado, es hermoso, es el Amor de Dios (EL) a su pueblo (ELLA). Este Amor es tal que es comparable con el Amor de una pareja, que llega a su formalización en una Boda, en la que Ambos, EL y ELLA, Amado y Amada, Dios y su pueblo, se unen en un solo cuerpo...... Nosotros como Católicos que somos, podemos escoger según sea el deseo del Dueño de casa, empezar la Cena rezando la oración que Jesús mismo nos enseñó, el Padre Nuestro.

Nos ponemos de pie.

Padre Nuestro

TODOS:
Padre nuestro, que estas en el cielo, santificado sea tu nombre, venga a nosotros tu reino, hágase tu voluntad así en la tierra como en el Cielo, danos hoy nuestro pan de cada día y perdona nuestros pecados, así como nosotros perdonamos a los que nos ofenden, no nos dejes caer en la tentación y líbranos del mal. Amen

Narrador:
La nueva Alianza
Jeremías 31:31-34 "Llegarán los días en que estableceré una nueva Alianza con la casa de Israel y la casa de Judá. No será como la Alianza que establecí con sus padres el día en que los tomé de la mano para hacerlos salir del país de Egipto, mi Alianza que ellos rompieron, aunque yo era su esposo. Esta es la Alianza que estableceré con la casa de Israel, después de aquellos días: pondré mi Ley dentro de ellos, y la escribiré en sus corazones; yo seré su Dios y ellos serán mi Pueblo. Y ya no tendrán que enseñarse mutuamente, diciéndose el uno al otro: "Conozcan al Señor". Porque todos me conocerán, del más pequeño al más grande. Porque yo habré perdonado su iniquidad y no me acordaré más de su pecado."
Ahora, después de haber orado, A nuestro Dios Padre, podemos dar comienzo a la Cena.

LA BUSQUEDA DE LA LEVADURA

NARRADOR:
En vísperas del 14 de Nisan terminando la tarde, se busca La Levadura en la casa a la luz de una vela.

Pues está escrito: **Números 9:11-12** "Pero lo harán en el segundo mes, el día catorce, al atardecer. Comerán la víctima pascual con pan sin levadura y con hierbas amargas, y no dejarán nada para la mañana siguiente. No le quebrarán ningún hueso y celebrarán la Pascua ateniéndose estrictamente al ritual".

El día para los hebreos termina en el crepúsculo o atardecer y empieza cuando el sol ha terminado de ponerse y se oscurece. Nisan es el nombre del segundo mes del calendario hebreo, en nuestro calendario la celebración cae entre los meses de Marzo y Abril.

NARRADOR:
Por favor pónganse de pie los Hombres de cada casa y recitemos.

TODOS:
Bendito seas Señor, Dios nuestro, Rey del Universo, que nos santifico con Sus preceptos ordenándonos eliminar la levadura.

NARRADOR:
Por favor Dueño de Casa busque La Levadura.

Mientras se busca la levadura..........

¿Qué significado tiene buscar La levadura?

La Levadura era sinónimo del pecado, buscar la Levadura es buscar el pecado, encontrarlo y expulsarlo.

Cuando el Dueño de Casa la encuentra dice:

DUEÑO DE CASA (Al encontrar la Levadura y mientras la recoge):

Toda levadura y sustancia fermentada que se encuentra en mi posesión, que aun no haya visto o eliminado, sea anulada y considerada como el polvo de la tierra.

NARRADOR:
La eliminación de la levadura es el equivalente al acto de contrición que hacemos en cada misa, donde le pedimos a Dios que perdone nuestros pecados. Por eso rezamos: Yo confieso ante Dios, Padre todo Poderoso, que he pecado mucho de pensamiento, palabra, obra y omisión, por mi culpa, por mi culpa, por mi gran culpa. Por eso ruego a Santa María siempre Virgen, a los Santos y a vosotros hermanos que intercedáis por mi ante Dios nuestro Señor.
Marcos 8:15 Jesús les hacía esta recomendación: "Estén atentos, cuídense de la levadura de los fariseos y de la levadura de Herodes".
1 Corintios 5:7 Echen fuera la vieja levadura y purifíquense; ustedes han de ser una masa nueva, pues si Cristo es para nosotros la victima Pascual, ustedes son los panes sin levadura, entonces, basta ya de vieja levadura, la levadura del mal y del vicio y celebren la fiesta con el pan sin levadura que es pureza y sinceridad.

DUEÑO DE CASA:
Elimina la levadura, físicamente sacándola por la puerta de la casa.

TODAS LAS MUJERES RECITAN:
Toda levadura o sustancia fermentada que se hallaba en mi posesión, que yo haya visto o no, haya eliminado o no, sea anulada y considerada como el polvo de la tierra.

Bendito seas Señor, Dios nuestro, Rey del Universo, que nos santifico con Sus preceptos, en virtud de esta Cena, se nos a permitido cocinar, hervir, freír y calentar las comidas; Encender la luz y preparar en día de fiesta todo lo

necesario para la celebración, a nosotros y a todos los hebreos que habitan esta nación.

NARRADOR:
Ya ha anochecido, hemos pasado del 13 de Nisan al 14 de Nisan (recordemos que Jesús adelanto la cena un día o sea La cena de las Cenas se celebró la noche del 14 de Nisan, la Ultima Cena se llevó a cabo el día de preparación, no el día de celebración), ya sin levadura y llegada la noche puede empezar la cena. Esta es la acción que nos lleva a empezar la ceremonia en Paz.

EL ENCENDIDO DE LAS VELAS CERMONIALES

NARRADOR:
Daremos comienzo a la Cena Puscual, para lo cual la Dueña de Casa va a proceder a encender las dos velas ceremoniales, que deben ser blancas y deberán estar calculadas para durar lo que dure la Cena.

Es la mujer la llamada a ser Luz en su hogar, la llamada a separar la Luz de las tinieblas. Esta escrito: Gen 1:14 Dijo Dios: "Hayan lámpuras en el cielo que separen el día de la noche, que sirvan para señalar las fiestas, los días y los años".

PREPARACION DE LA BANDEJA DEL SEDER

NARRADOR:
La bandeja del Seder debe contener:

*Derecha abajo: Dulce de manzana (Jaroset, con el que recordamos el barro o arcilla que los Judíos eran obligados a producir durante su cautiverio).
*Derecha arriba: hueso asado de Cordero (zeroa, con el que recordamos el sacrificio del cordero en la noche en que Dios paso por encima de las casa de Egipto).
*Izquierda abajo y en el centro: apio, perejil, lechuga, (carpas y maror, que nos recuerda las amarguras de vivir en esclavitud).
*Izquierda arriba: huevo (que significa la paz).
* Sobre otra bandeja: Tres panes sin levadura (Panes Ázimos o Matzos, que nos recuerdan la salida apresurada de Egipto).

Luego que hemos presentado los alimentos y las especies se da comienzo al sentido litúrgico que fue instituido por el Rey David, 1 Crónicas 16.

PRIMERA COPA, LA COPA DE LA SANTIFICACIÓN (DEL KIDUSH)

NARRADOR:
El Kidush es la primera Copa, la Copa de la Santificación, con la que se santifica la celebración de la noche de Pascua de la primera Alianza.
Con esta Copa se da gracias a Dios porque hizo Santa toda su creación, esta celebración es Santa, y se hace con el objetivo de que seamos Santos, para poder tener el regalo de vida eterna.

DUEÑO DE CASA:

Gen 1:31 Vio Dios cuanto había hecho, y todo estaba muy bien. Y atardeció y amaneció: día sexto. Gen 2:1-3 Así estuvieron terminados el cielo y la tierra y todo lo que hay en ellos. El séptimo día tuvo terminado su trabajo y descanso en ese día de todo lo que había hecho. Bendijo Dios el séptimo día y lo hizo Santo, porque ese día descanso de sus trabajos, de toda esta creación que había hecho.

NARRADOR:
Por favor, el Dueño de Casa y los Jefes de Mesa Varones, procedan a llenar sus copas de vino y reciten lo que sigue a continuación.

TODOS:
בָּרוּךְ אַתָּה יְיָ אֱלֹהֵינוּ מֶלֶךְ הָעוֹלָם
Baruch Atah Adonai, Eloiheinu Melech Ha-Olam boreh p'ri ha gafen
Bendito seas Señor, Dios del Universo, por este vino fruto del trabajo del hombre;

NARRADOR:
Esta es la misma oración que recitan nuestros sacerdotes en cada misa para santificar el vino que luego va a ser consagrado

DUEÑO DE CASA:
Bendito seas Señor, Dios nuestro, Rey del Universo, que nos eligió entre todos los pueblos, nos elevo sobre todas las lenguas y nos santifico con sus preceptos. Nos diste, oh Señor, Dios nuestro, con amor los Sábados para reposo y las fiestas para la alegría, festividades y celebraciones para el regocijo, este día de la fiesta del Matzot (Pan ácimo), efemérides de nuestra libertad, santa convocación, conmemoración del éxodo de Egipto, pues a nosotros nos elegiste y nos santificaste entre todos los pueblos. Y nos legaste las fiestas sagradas con alegría y regocijo.

TODOS:
Bendito sea Señor que nos santificas a tu pueblo y sus fiestas.

NARRADOR:
En este momento nos disponemos a beber la primera copa, hacemos en un ambiente de relajación y de unión familiar, bebamos todos la copa del Kidush.

TODOS:
Beben la primera copa, reclinados hacia la izquierda.

LAS HIERBAS AMARGAS:

EL DUEÑO DE CASA:
COMER LAS HIERBAS AMARGAS

NARRADOR:
Tomen una pequeña porción de apio o perejil (maror o carpas), y mójenla en agua salada y pronuncien la siguiente bendición, mientras la comemos.

TODOS:
Bendito seas Señor, Dios nuestro, Rey del Universo, creador del fruto de la tierra.

SEPARACION DEL AFIKOMAN:

DUEÑO DE CASA:
SEPARA Y ESCONDE EL AFIKOMAN

NARRADOR:
En este momento el Dueño de casa está separando el afikoman, que es el pan que está en el medio de los 3 panes, y será envuelto en un lienzo de color blanco. El Dueño de casa entonces se levanta y lo esconde. Para que los niños los busquen más adelante, al niño que lo encuentre, el Dueño de Casa le dará un premio. Es interesante que sepamos que el pueblo judío por miles de años ha estado escondiendo ese pan, el del medio, que representa al Mesías, toda esta comida es un adviento a la llegada del Mesías. Nuestros hermanos mayores en la fé lo están esperando por primera vez y nosotros los Católicos estamos esperando su segunda venida, como reza nuestro credo textualmente: "y de nuevo vendrá con gloria para juzgar a vivos y muertos, y su reino no tendrá fin".

NARRADOR:
Por favor procedamos a alzar la bandeja del Seder con la bandeja con los dos matzot restantes, cubiertos y recitemos todos:

TODOS:
Este es el pan de la pobreza que nuestros antepasados comieron en Egipto. Quien tenga hambre, que venga y coma. Quien necesita, que venga y celebre Pascua. Este año estamos aquí, el año próximo estaremos en la tierra prometida. Este año somos esclavos, el año próximo seremos libres.

LA SEGUNDA COPA, LA DE LA AFLICCIÓN (LA DE LAS PLAGAS).

NARRADOR:
Llenemos por segunda vez la copa de vino, esta vez llamada la copa de la aflicción.

DUEÑO DE CASA:
POR FAVOR LEVANTENSE LOS NIÑOS QUE VAN A HACER LAS PREGUNTAS:

NARRADOR:
Si en la casa hubiera un solo niño, este haría todas las preguntas, si no hubiera niño, lo haría la persona más joven, hay que aclarar, que esto es independiente al género. Esta es la forma en que Dios se aseguró de que su palabra se transmitiera de generación en generación. Los Ancianos enseñándoles a los más jóvenes.

Los más pequeños de los presentes preguntan:

Primer Niño:
¿Por qué esta noche es diferente a todas noches?

Todas las noches comemos jametz o matza, ¿Por qué esta noche solo comemos matza?

Segundo Niño:
Todas las noches comemos todas las verduras. ¿Por qué esta noche solo comemos hierbas amargas?

Tercer Niño:
Todas las noches no remojamos ni una sola vez, ¿por qué esta noche remojamos dos veces?

Cuarto Niño:
Todas las noches comemos sentados o reclinados, ¿por qué esta noche todos comemos reclinados?

NARRADOR:
En la cena del año 33 no hubo ni niños ni mujeres, pero por tradición las 4 preguntas las debe de haber formulado el más joven del grupo, en este caso Juan, el apóstol amado.

A continuación se descubren los 2 matzos y los participantes responden:

TODOS:
Siervos fuimos del faraón de Egipto.

DUEÑO DE CASA:
Y el Señor nuestro Dios, nos saco de allí con mano fuerte y brazo extendido. Y si el Santo, bendito sea, no hubiera sacado a nuestros padres de Egipto, nosotros, nuestros hijos y los hijos de nuestros hijos esclavos seriamos del faraón de Egipto.

Y aunque todos fuéramos sabios, todos inteligentes, todos ancianos, todos eruditos de la Ley, tenemos la obligación de relatar el éxodo de Egipto, y todo el que se extiende en el relato, es elogiado.

TODOS:
Bendito sea el Omnipresente, bendito sea Él. Bendito sea Él. Bendito sea Él, que dio la Ley a su pueblo Israel, bendito sea Él.

LOS CUATRO HIJOS DE LOS QUE HABLA LA BIBLIA

NARRADOR:
En este momento el Dueño de casa, con Biblia en mano, va a proceder a leer el éxodo de Egipto plasmado en Pentateuco, los 5 libros de Moisés, los primeros 5 libros de nuestra Biblia.

HAGADA DE PASCUA DE LA ÚLTIMA CENA

Lo primero que el Dueño de casa va a hacer es nombrar a 4 personas, nosotros los presentes estamos llamados a reconocernos con cualquiera de esas 4 personas.

DUEÑO DE CASA:
De cuatro hijos habla la Biblia.
Uno es sabio (Det 6,20)
Uno es malvado (Ex 12,26)
Uno es simple (Ex 13,14)
Uno aún no sabe preguntar. (Ex 13,8)

El sabio, te preguntara:
¿Cuáles son los testimonios, estatutos y leyes que el Señor, nuestro Dios, nos ordenó? Det 6:20
Y has de contestarle, explicándole las tradiciones de la Pascua, que no se debe comer nada más después de ingerir el afikoman. Éxodo 12:1-14

NARRADOR:
El Sabio es el piadoso de DIOS, el temeroso de las leyes de Dios, que respeta los mandamientos y los preceptos de Dios. Y coincidentemente se le recuerda al piadoso no comer más después del AFIKOMEN que en griego significa "aquel que falta por llegar"....... Y terminada la noche tomo el Pan y dando gracias..........

DUEÑO DE CASA
El malvado, te preguntara:
¿Qué significa este rito para vosotros? Éxodo 12:26
Y tú le responderás: Para vosotros y no para él. Y al excluirse de la comunidad (el malvado), reniega del principio básico, por tanto, abochórnalo con la respuesta y dile: Por esto Dios hizo por mí cuando salí de Egipto, por mi no por él, ya que si él hubiera estado allí, no lo habría rescatado. Éxodo 12:27-28
NARRADOR:
El Malvado es el que sé reúsa a los mandatos de Dios, el que se auto excluye, el que siempre mira la celebración a distancia, y que al final termina abochornado.

DUEÑO DE CASA
El simple, te preguntara:
¿De qué hablan? ¿Qué es esto? Éxodo 13:14
Y tú le responderás: Con mano fuerte nos sacó Dios de Egipto, de la casa de la esclavitud y como el faraón porfiaba de no dejarnos salir Dios mato a los primogénitos tanto de hombres como de animales. Éxodo 13:15-16

NARRADOR:
El simple es el que esta sediento de Dios, tiene un corazón manso y humilde, deseoso de conocer más a Dios.

DUEÑO DE CASA
Y al que aún no sabe preguntar tú lo iniciaras, pues está escrito: Y aleccionaras en aquel día a tu hijo diciéndole: "esto Dios hizo por mí cuando salí de Egipto". Éxodo 13:8 Será como una señal en tu mano y como un recuerdo en frente de tus ojos, a fin de que la enseñanza de Yahvé este siempre en tu boca; porque

con mano fuerte te saco de Egipto, este precepto lo celebraras todos los años a su debido tiempo. Éxodo 13:9-10

NARRADOR:
El que no sabe preguntar es la razón de esta celebración, es el más importante para Dios, al que estamos obligados a enseñar, el que tiene que aprender los prodigios que Dios está haciendo por él, entre estos están los niños, los engañados en la fe y los nuevos en la fe.

TODOS:
Bendito sea el que cumple Su promesa a Israel. Bendito sea Él.

DUEÑO DE CASA:
Pues el Santo, bendito sea, determino el fin de la esclavitud, para cumplir la Alianza de los Trozos de animales que pacto con nuestro padre Abraham, como está escrito: Gen 15:9-11 le dijo: "Tráeme una novilla de tres años, una cabra de tres años, un carnero de tres años, una tórtola y un pichón." Tomó él todas estas cosas, y partiéndolas por medio, puso cada mitad enfrente de la otra. Los pájaros no los partió. Las aves rapaces bajaron sobre los cadáveres, pero Abram las espantó. Y también le dijo a Abram: Gen 15:13-14 El Señor dijo a Abram: "Has de saber que tus descendientes serán forasteros en tierra extraña. Los esclavizarán y oprimirán durante cuatrocientos años. Pero yo a mi vez juzgaré a la nación a quien sirvan; y luego saldrán con cuantiosos bienes.

NARRADOR:
La primera Alianza: Gen 17:1 Cuando Abram tenía 99 años, se le apareció el Señor y le dijo: "Yo soy El Sadday, anda en mi presencia y sé perfecto. 2 Yo establezco mi alianza entre nosotros dos, y te multiplicaré sobremanera." 17:3
Cayó Abram rostro en tierra, y Dios le habló así: 4 "Por mi parte he aquí mi alianza contigo: serás padre de una muchedumbre de pueblos.5 No te llamarás más Abram, sino que tu nombre será Abraham, pues padre de muchedumbre de pueblos te he constituido. 6 Te haré fecundo sobremanera, te convertiré en pueblos, y reyes saldrán de ti. 7 Y estableceré mi alianza entre nosotros dos, y con tu descendencia después de ti, de generación en generación: una alianza eterna, de ser yo el Dios tuyo y el de tu posteridad. 8 Yo te daré a ti y a tu posteridad la tierra en que andas como peregrino, todo el país de Canaán, en posesión perpetua, y yo seré el Dios de los tuyos." 9 Dijo Dios a Abraham: "Guarda, pues, mi alianza, tú y tu posteridad, de generación en generación. 10 Esta es mi alianza que deben de guardar entre yo y ustedes —también tu posteridad—: Todos sus varones serán circuncidados.

Recordemos que Abraham es el primer patriarca de nuestra religión, de él nacieron Ismael e Isaac, Ismael hijo de la esclava Hagar e Isaac hijo de Sara, Isaac tuvo 2 hijos, a Esaú y a Jacob, Jacob tuvo 12 hijos, uno de ellos fue José, el que fue traicionado por sus hermanos y vendido a unos mercaderes que iban a Egipto, José tenía la gracia de Dios de descifrar sueños, él le descifro al Faraón un sueño que lo atormentaba, el de 7 vacas gordas y las 7 vacas flacas, descifrando ese sueño salvo a Egipto de la hambruna y se ganó la simpatía y respeto del Faraón, José perdono a sus hermanos y los trajo a vivir a Egipto junto con su padre Jacob, Dios se valió de todo esto gracias para que el pueblo escogido se salvara de la gran hambruna que afecto toda la tierra, es así que el pueblo escogido llego a Egipto.

NARRADOR:
Por favor cubramos los panes ázimos, elevemos la copa de vino y brindemos mientras recitamos:

TODOS:
Y esta promesa sostuvo a nuestros padres y nos sostiene a nosotros. Pues no es uno solo que se alzó contra nosotros a exterminarnos, sino que en cada generación se levantaran contra nosotros para aniquilarnos, PERO EL SANTO BENDITO, BENDITO SEA, NOS SALVA DE SUS MANOS.

NARRADOR:
Por favor dejemos la copa y descubramos los panes ázimos

DUEÑO DE CASA
Y los egipcios nos maltrataron y nos oprimieron y nos impusieron trabajos forzados, Y los egipcios nos maltrataron, pues está escrito: Los trataremos astutamente, para evitar que se multipliquen y llegue a suceder que en caso de una Guerra él también se una a nuestros enemigos y luche contra nosotros y se vaya del país. Y nos oprimieron, pues está escrito: Y pusieron sobre él mayorales para que los oprimiesen con sus cargas, y edifico para el faraón las ciudades almacenes de Pitón y Ramsés. Y nos impusieron trabajos forzados, pues está escrito: Y los egipcios hicieron trabajar a los hijos de Israel forzadamente.

TODOS:
Y pedimos auxilio al Señor, el Dios de nuestros padres, Los egipcios nos maltrataron, nos oprimieron y nos impusieron una dura servidumbre. Y Él escuchó nuestra voz. Él vio nuestra miseria, nuestro cansancio y nuestra opresión.

DUEÑO DE CASA
Y vio nuestra aflicción, se refiere a la separación del marido de su mujer, pues está escrito: y Dios vio a los hijos de Israel y comprendió el Señor.

Y nuestra desgracia, se refiere a los hijos, pues está escrito: Todo hijo que naciere, arrojadlo al río y toda hija dejadla viva.

Y nuestra opresión, se refiere al vejamen, pues está escrito: Y también he visto la opresión con que los egipcios los oprimen.

Y nos saco de Egipto el Eterno con mano fuerte y brazo extendido, con gran temor y con signos y prodigios.

Yo soy el Señor.

Y pasare por la tierra de Egipto aquella noche, Yo y no un ángel.

Y heriré todo primogénito, Yo y no un serafín.

Y contra todos los dioses de Egipto haré justicia.
Yo soy el Señor, Yo mismo y no un mensajero.

Yo soy el Señor, Yo soy y ningún otro.

LAS DIEZ PLAGAS

DUEÑO DE CASA:
Estas son las diez plagas que descargo el Santo, bendito sea, sobre los egipcios.

NARRADOR:
Por favor, todo Jefe hombre de cada casa, va a sumergir un dedo en la copa de vino y va a derramar una gota en una servilleta, cada vez que se mencione cada una de las plagas.

TODOS:
Éxodo 7-11
1.- Sangre
2.- Ranas
3.- Mosquitos
4.- Tábanos / Fieras
5.- Peste del ganado
6.- Llagas
7.- Granizo
8.- Langosta
9.- Oscuridad / Las Tinieblas
10.- Muerte de los primogénitos.

NARRADOR:
Las plagas le fueron dadas a los egipcios por la negativa del faraón de no liberarlos de la esclavitud. Cuando nos negamos a los mandatos de Dios, nos tenemos que atener a las consecuencias. Aquí se pone en manifiesto: no le hagas a tu prójimo lo que no te gusta que te hagan a ti, todas estas plagas habían sido impuestas por los egipcios al pueblo de Dios, en el transcurso de su esclavitud, la última y más evidente de todas fue la muerte de los primogénitos, de la cual Moisés se salvo. Esto es lo que le recuerda al pueblo hebreo que si fuiste abusado, no has de abusar, por eso veras a tu Dios en el medio, para redimirte.

HIMNO DE GRATITUD

DUEÑO DE CASA: Si nos hubiese sacado de Egipto y no les hubiera hecho justicia,
TODOS: NOS BASTARIA

DUEÑO DE CASA: Si les hubiese hecho justicia y no la hubiera hecho con sus dioses, **TODOS: NOS BASTARIA**
DUEÑO DE CASA: Si hubiese hecho justicia con sus Dioses y no hubiera matado a sus primogénitos, **TODOS: NOS BASTARIA**

DUEÑO DE CASA: Si hubiese matado a sus primogénitos y no nos hubiera dado sus bienes, **TODOS: NOS BASTARIA**

DUEÑO DE CASA: Si nos hubiese dado sus bienes y no nos hubiera partido el mar,
TODOS: NOS BASTARIA

DUEÑO DE CASA: Si nos hubiera partido el mar y no nos hubiera conducido por el seco, **TODOS: NOS BASTARIA**

DUEÑO DE CASA: Si nos hubiese conducido por el en seco y no hubiera ahogado a nuestros enemigos, **TODOS: NOS BASTARIA**

DUEÑO DE CASA: Si hubiese ahogado a nuestros enemigos y no hubiera satisfecho nuestras necesidades en el desierto durante 40 años y no nos hubiera alimentado con Maná, **TODOS: NOS BASTARIA**

DUEÑO DE CASA: Si nos hubiese alimentado con Maná y no nos hubiera dado el día de descanso, **TODOS: NOS BASTARIA**

DUEÑO DE CASA: Si nos hubiese dado el día de descanso y no nos hubiera aproximado al Monte Sinaí, **TODOS: NOS BASTARIA**

DUEÑO DE CASA: Si nos hubiese aproximado al Monte Sinaí y no nos hubiera dado la Ley con sus mandamientos, **TODOS: NOS BASTARIA**

DUEÑO DE CASA: Si nos hubiese dado La Ley y no nos hubiera introducido en Israel, **TODOS: NOS BASTARIA**

DUEÑO DE CASA: Si nos hubiese introducido en Israel y no nos hubiera construido el santuario, **TODOS: NOS BASTARIA**
DUEÑO DE CASA
Por lo tanto, gratitud doble y múltiple le debemos al Omnipotente, que nos saco de Egipto.

Cuando castigo a los egipcios y salvo nuestra casa. Y el pueblo se inclinó y reverenció.

LA COMIDA CERMONIAL

NARRADOR:
Ahora comenzaremos a comer.
Por favor comamos los matzos. (Panes ázimos)

DUEÑO DE CASA:
Pues está escrito: Y cocieron de la masa que habían sacado de Egipto, tortas **de** matza sin leudar, porque fueron expulsados de Egipto y no podían demorarse, sin siquiera preparar sus provisiones. Éxodo 13:8

HAGADA DE PASCUA DE LA ÚLTIMA CENA

NARRADOR:
Todos comamos las Hierbas amargas.

DUEÑO DE CASA:
Pues está escrito: Y amargaron su vida con trabajo duro, en arcilla y en ladrillo y en toda labor de campo. Todo servicio que les fue impuesto era trabajo forzado.
Pues está escrito: Y aleccionaras en aquel día a tu hijo diciéndole: Por esto Dios hizo por mí cuando Salí de Egipto. Pues no solo a nuestros padres rescato el Santo, bendito sea Él, sino también a nosotros nos redimió junto con ellos, pues está escrito: Y nos saco de allá, para traernos y darnos la tierra que prometió a nuestros antepasados. Det 6, 23.

NARRADOR:
Levantemos la copa de vino y cubramos las matzot.

DUEÑO DE CASA:
Por Tanto, debemos agradecer, alabar, glorificar, adorar, bendecir, y exaltar a quien realizo todos estos milagros con nuestros padres y con nosotros. Nos saco de la esclavitud a la libertad, del sufrimiento a la alegría, del duelo a la fiesta y de la oscuridad a la luz resplandeciente, de la servidumbre a la redención. Y entonaremos ante El una nueva canción.

NARRADOR EXPLICA:
Dejemos la copa y descubramos las matzot para decir la siguiente oración.
(Nosotros los católicos omitimos los Aleluya porque estamos en observación de Cuaresma).

DUEÑO DE CASA:
Alabad, siervos de Dios, alabad el nombre de Dios. Bendito sea el nombre de Dios, desde ahora hasta la eternidad. Desde la salida del sol hasta su puesta, alabado sea el nombre de Dios. Por encima de los pueblos esta Dios, que se sienta en las alturas. Que se inclina a contemplar los cielos y la tierra. Del polvo levanta el poder, del fango levanta al indigente, para sentarlos con los príncipes, con los nobles de Su pueblo, convierte a la mujer estéril en madre regocijada con sus hijos.

Al salir Israel de Egipto, la casa de Jacob de entre un pueblo de habla extranjera. Fue Judea Su santuario, Israel Su Señorío. El mar lo vio y huyo, el Jordán retrocedió. Las montanas brincaron como carneros, los cerros como corderos, ¿Qué tienes, oh mar, que huyes? ¿Jordán que retrocedes? ¿Montañas que brincáis como carneros, cerro como corderos? Ante el Señor, tiembla oh tierra, ante Dios de Jacob, que torno la peña en fuente de agua, la roca en manantial.

Bendito seas Señor, Dios Nuestro, Rey del Universo, que nos redimió y rescato a nuestros padres de Egipto, y nos hizo llegar a esta noche para comer en ella el matza y hierbas amargas. Igualmente Señor, Dios nuestro y Dios de nuestros padres, haznos llegar a las demás efemérides y fiestas, que se nos aproximen en paz, alegres por la construcción de Tu Ciudad, Felices a Tu servicio. Allí comeremos de los sacrificios y de las ofrendas de Pascua, cuya sangre salpicara las paredes de Tu altar para Tu beneplácito, allí te agradeceremos con una nueva canción por nuestra redención y por el rescate de nuestras almas.

TODOS
Bendito seas Señor, que redimiste a tu pueblo.

NARRADOR:
El sacrificio que nosotros renovamos en cada misa es un sacrificio incruento (sin sangre porque no la vemos, pero espiritualmente está en el altar),
"Dichosos los llamados a la cena del Cordero", estas palabra las dice nuestro sacerdote en la celebración Eucarística.
Observemos que este Salmo termina con un agradecimiento, por nuestra Redención, por nuestro rescate espiritual.

DUEÑO DE CASA (BRINDIS)
Bendito seas Señor, Dios nuestro, Rey del Universo, creador del fruto de la vid.

NARRADOR:
Por favor bebamos la segunda copa.

EL LAVADO DE LAS MANOS

NARRADOR:
Por favor acérquense en pareja, y una pareja a la vez, la mujer va a mojar las manos de su esposo con agua, usando la jarra mientras él se las enjuaga y seca, hacemos esto pronunciando la siguiente bendición:

TODOS:
Bendito seas Señor, Dios Nuestro, Rey del Universo, que nos santifico con sus preceptos y nos ordenó el lavado de las manos.

NARRADOR:
Comparativamente, esto es lo que el sacerdote hace cuando se lava las manos, antes de tocar las especies en el Altar. Lo más seguro es que este momento fue en el que Jesús lavo los pies a sus discípulos, Juan 13:4-17 se levantó de la mesa, se sacó el manto y tomando una toalla se la ató a la cintura. Luego echó agua en un recipiente y empezó a lavar los pies a los discípulos y secárselos con la toalla que tenía en la cintura. Cuando se acercó a Simón Pedro, este le dijo: "¿Tú, Señor, me vas a lavar los pies a mí?"Jesús le respondió: "No puedes comprender ahora lo que estoy haciendo, pero después lo comprenderás". "No, le dijo Pedro, ¡tú jamás me lavarás los pies a mí!". Jesús le respondió: "Si yo no te lavo, no podrás compartir mi suerte". "Entonces, Señor, le dijo Simón Pedro, ¡no sólo los pies, sino también las manos y la cabeza!" Jesús le dijo: "El que se ha bañado no necesita lavarse más que los pies, porque está completamente limpio. Ustedes también están limpios, aunque no todos". Él sabía quién lo iba a entregar, y por eso había dicho: "No todos ustedes están limpios". Después de haberles lavado los pies, se puso el manto, volvió a la mesa y les dijo: "¿Comprenden lo que acabo de hacer con ustedes? Ustedes me llaman Maestro y Señor; Y tienen razón, porque lo soy. Si yo, que soy el Señor y el Maestro, les he lavado los pies, ustedes también deben lavarse los pies

unos a otros. Les he dado el ejemplo, para que hagan lo mismo que yo hice con ustedes. Les aseguro que el servidor no es más grande que su señor, ni el enviado más grande que el que lo envía. Ustedes serán felices si sabiendo estas cosas, las practican.

Por favor levantemos los panes ázimos para pronunciar la bendición:

TODOS:
Bendito seas Señor, Dios nuestro, Rey del Universo, por este pan fruto del trabajo del hombre.

NARRADOR:
Por favor todos tomemos un trozo de pan ázimo.

TODOS:
Bendito seas Señor, Dios nuestro, Rey del Universo, que nos santifico con sus preceptos y nos ordenó a comer el Pan Ázimo.

NARRADOR:
Por favor TODOS comamos el trozo de pan ázimo.

NARRADOR:
Por favor TODOS tomemos una porción de hierbas amargas, y remojémosla en vinagre con agua salada (Jaroset).

TODOS:
Bendito seas Señor, Dios nuestro, Rey del Universo, que nos santifico con sus preceptos y nos ordenó a comer hierbas amargas.

NARRADOR:
Por favor TODOS comamos las hierbas amargas mojadas en Jaroset.

LA COMIDA FESTIVA

DUEÑO DE CASA:
Se inicia la comida festiva comiendo huevos duros en agua salada.

NARRADOR:
Los huevos simbolizan la paz, reflexionemos en lo que se ha convertido la pascua, hoy en día tenemos conejos y huevos en la pascua. Los Conejos no forman parte de ninguna tradición Judeocristiana. Sin embargo los huevos si, vienen de la tradición judía, que representan la misma paz que se da en la misa, los judíos se van de esta celebración llevándose un huevo, el cual regalan en símbolo de paz a sus vecinos. Tal y como hacemos nosotros en la misa, con nuestros vecinos de asiento.

Una vez comidos los huevos en agua salada, nosotros los católicos, hacemos un paréntesis en la cena para continuarla al final; Es en este momento cuando los hebreos se comen la comida festiva de la noche, según la costumbre del lugar.

Y a continuación el Dueño de Casa invitará a los Niños a buscar el Afikoman.

LA BUSQUEDA DEL AFIKOMAN

DUEÑO DE CASA:
Niños por favor busquen el Afikoman.

NARRADOR:
Niños busquen el Afikoman, el que lo encuentre se lo debe traer al Dueño de Casa. Quien recibirá del niño el Afikoman envuelto aun en su lienzo de lino blanco y lo pondrá en su mesa encima del plato del Seder, que ya está vació. El Dueño de Casa premiara a la niño que le trajo el Afikoman, Esta tradición se conserva desde su inicio, los judío premian según su condición económica al niño que haya descubierto el Afikoman. Es momento es muy importante y debemos estar muy atentos.

LA ORACION DE DAR GRACIAS DESPUES DE COMER

NARRADOR:
Los judíos dan gracias Dios por la comida después de haberla comido, nosotros lo hacemos antes.

DUEÑO DE CASA:
Gracias Señor por estos alimentos que hemos comido por tu generosidad.

NARRADOR:
Hasta este momento ya hemos experimentado: **La separación de la luz de las tinieblas en el encendido de las velas, la búsqueda y eliminación de la Levadura / el perdón de los pecados en el acto de contrición, La santificación del rito, La Narración e interpretación del Antiguo Testamento, La Alabanzas / Glorias, el Lavado de las manos ritual, el huevo de pascua / darse la paz, y tenemos las especies del sacrificio ya en la mesa....** *El significado de esta cena adquiere una proporción monumental, épica, inimaginable para los doce discípulos. De ahora en adelante cambia la historia de la humanidad, este es el principio del fin del enemigo, aquí arranca el cumplimiento de las profecías.*

LA TERCERA COPA, LA DE LA REDENCION

NARRADOR: Por favor sirvamos la copa por tercera vez y pronunciemos la oración de gracias y bendigamos.

TODOS:
Bendito sea el nombre de Dios desde ahora y hasta la eternidad.

DUEÑO DE CASA:
Con permiso de mis maestros y sabios, bendeciremos a nuestro Dios a aquel de cuyos dones hemos comido.

TODOS:
Bendito nuestro Dios aquel cuyos dones hemos comido.

DUEÑO DE CASA:
Bendito aquel de cuyos dones hemos comido y por cuya bondad vivimos.

TODOS:
Bendito sea Él y bendito sea Su nombre.

DUEÑO DE CASA:
Bendito seas Señor, Dios nuestro, Rey del Universo, que alimenta a todo el mundo con su bondad. Con su gracia, benevolencia y piedad da pan a todo ser vivo, pues eterna es Su misericordia. Y con su inmensa bondad, jamás nos faltó ni nos faltara alimento. Por Su gran nombre, pues Él nutre y mantiene a todos, favorece a todos y proporciona el sustento a todos los seres por Él creados. Bendito seas, oh Señor, que alimenta a todos.

Compadécete, oh Señor, Dios nuestro, de Tu pueblo Israel y de Jerusalén, Tu Ciudad, y de Sion, la morada de Tu gloria, y por Tu ungido, por la casa grande y sagrada que lleva Tu nombre. Dios nuestro, nuestro padre, guíanos, aliméntanos, susténtanos abastécenos, confórtanos y líbranos pronto, oh Señor, Dios nuestro, de todos nuestros sufrimientos. Te suplicamos Señor, Dios nuestro, que no nos hagas depender de las dadiva de la gente ni de sus préstamos, sano solo de Tu mano llena, abierta, santa y amplia, para que jamás nos avergoncemos ni nos humillemos.

DUEÑO DE CASA Y TODAS LAS PARJEAS:

Dios nuestro y de nuestros padres, elévese y vaya y llegue y sea vista, aceptada y oída, registrada y recordada nuestra memoria y mención y memoria de nuestros padres y la memoria del Mesías, hijo de David Tu siervo, y la memoria de Jerusalén, Tu ciudad sagrada, compadécenos y apiádate de nosotros para salvarnos, porque a Ti dirigimos nuestra mirada, pues Tu eres un Dios y Rey clemente y misericordioso.
Y reconstruye pronto, en nuestros días, a Jerusalén, la ciudad sagrada. Bendito seas oh Señor, el reconstructor misericordioso de Jerusalén. Amen.

NARRADOR:
Para los judíos, Jerusalén es sinónimo de esperanza, es la tierra que le prometió Dios; para nosotros Jerusalén aparte de significar lo mismo que para los judíos, significa la redención, significa el Cielo.

Tanto en Jeremías 31:31, como en el poema "Cantar de los Cantares", se habla de que el pueblo judío traiciono su primera alianza, en la cual, Dios se auto denomina como Esposo de su pueblo escogido, esta es la primera vez en que Dios expone vínculo sacramental con su pueblo; El como el NOVIO y su pueblo como la NOVIA, El Matrimonio es la primera alianza que se llevó a cabo, la que el pueblo judío rompió y posteriormente Jeremías profetizo una nueva Alianza, la renovación de Votos, ya que la pareja es la misma.

El Rey David nos dijo en el Salmo 110:1 El Señor le dijo a mi Señor, siéntate a mi derecha y ve como hago de tus enemigos la tarima de tus pies, tuyo es el principado, desde el día de tu nacimiento, de mí en el monte sagrado tú has nacido, como nace el roció de la mañana.

¿Señor de mi Señor? ¿Dos Señores? Aquí obviamente, Dios le revela a David que la primera persona de la Santísima Trinidad, o Sea Yahvé ó Dios Padre, tiene sentado a su derecha al Señor de David, el Mesías ,el que está sentado a la derecha del Padre, Jesús.

DUEÑO DE CASA
Bendito seas Señor, Dios nuestro, Rey del Universo. Dios nuestro padre, nuestro Rey, nuestro Soberano, nuestro Creador, nuestro redentor, nuestro hacedor, nuestro Santo, el Santo de Israel, nuestro Pastor, el Pastor de Israel; el buen Rey que hace bien a todos, quien cada día nos hizo, hace y hará favores. Nos colmó, colma y colmara de beneficios para siempre, con gracia y clemencia, con misericordia y alivio, ayuda y éxito, bendición y salvación, consuelo, buen sustento y bienestar, y compasión, vida y paz y todo lo bueno. Y que de todo lo bueno no nos prive.

NARRADOR:
En la oración que acabamos de leer, Dios ha sido nombrado con los nombres con los que todos conocemos al Mesías y que a lo largo de los evangelios fuimos usando en sus parábolas: redentor, pastor, buen Rey, Misericordioso, Santo de Israel, lleno de Gracia... Estamos evidentemente hablando de Jesús.

INVOCACIÓN A LA MISERICORDIA DE DIOS

DUEÑO DE CASA: El Misericordioso
TODOS: reinara sobre nosotros para siempre

DUEÑO DE CASA: El Misericordioso
TODOS: será bendito en el cielo y en la tierra.

DUEÑO DE CASA: El Misericordioso
TODOS: será alabado por todas las generaciones y glorificado eternamente por nosotros y ensalzado por nosotros para siempre.

DUEÑO DE CASA: El Misericordioso
TODOS: nos sustente dignamente.

DUEÑO DE CASA: El Misericordioso
TODOS: rompa nuestro yugo y nos conduzca a nuestra tierra con erguida frente.

DUEÑO DE CASA: El Misericordioso
TODOS: envíe abundantes bendiciones a esta casa y a esta mesa en que hemos comido.

DUEÑO DE CASA: El Misericordioso
TODOS: nos envíe al profeta Elías, bien recordado sea, para que nos traiga buenas noticias de redención y consuelo.

DUEÑO DE CASA: El Misericordioso
SOLO HIJOS O HIJAS: bendiga a mi padre y maestro, amo de esta casa, y a mi madre y maestra, ama de este hogar, a ellos y a su hogar y a sus descendientes y a todo lo que les pertenece.

DUEÑO DE CASA: El Misericordioso
SOLO ESPOSOS: bendiga a mí y a mi esposa y a mis descendientes y a todo lo que me pertenece

DUEÑO DE CASA: El Misericordioso
SOLO ESPOSAS: bendiga a mí y a mi esposo y a mis descendientes y a todo lo me pertenece.

DUEÑO DE CASA: El Misericordioso
SOLO LOS INVITADO: bendiga al amo de esta casa y a la ama de este hogar y a todos los presentes, a ellos y a sus hogares y a sus descendientes y a todo lo que les pertenece, como fueron benditos nuestros padres Abraham, Isaac y Jacob, en todo, de todo y con todo, bendiga también a todos nosotros con una bendición completa.
TODOS: Amen

DUEÑO DE CASA: El Misericordioso
TODOS: nos conceda el día totalmente bueno.

DUEÑO DE CASA: El Misericordioso.
TODOS: nos haga merecedores de la era mesiánica y de la vida del mundo venidero. Él concederá gran salvación a Su Rey y mostrara a Su ungido David y a Su simiente para siempre. El que hace paz en los cielos, Él haga paz para nosotros y para todo Israel.

TODOS: Amen

NARRADOR:

El sacrificio se volvió eterno, Dios está bajando a la mesa del altar, salmo 22:4 "tu, sin embargo estas en el santuario de allí sube hasta ti la alabanza de Israel", se refiere a lo que estaba atrás de la cortina del templo la cual queda desolada en el momento de la muerte del Cristo, del Ungido, Al que recibimos el Domingo de Ramos, el Mesías, que sello la nueva Alianza en la cruz. Amén.

Salmo 18:50-51 Por eso te ensalzare, Señor, y en medio de los pueblos cantare tu nombre, tú que a tu Rey das victoria tras victoria, y sigues con tus favores a tu ungido, David y a su descendencia para siempre.

Salmo 19:2-6 LOS CIELOS CUENTAN LA GLORIA DEL SEÑOR, proclama el firmamento las obras de sus manos.
Un día al siguiente le pasa el mensaje y una noche a la otra se lo deja saber.

No hay discursos ni palabras ni voces que se escuchen, más por todo el orbe se capta su ritmo y el mensaje llega hasta el fin del mundo.

Al sol le fijo una tienda en lontananza, de allí sale muy alegre, como un esposo que deja su alcoba, como un atleta a correr su carrera. Él haga paz para nosotros y para toda la humanidad.

Se habla que la noticia queda publicada en el firmamento y se transmitirá día tras día perpetuamente. El sol tiene alegría de esposo. Lucas 23:44-46 Hacia el mediodía se ocultó el Sol y todo el país quedo en tinieblas hasta las tres de la tarde, en ese momento la cortina del templo se rasgó a la mitad y Jesús grito Eloi, Eloi, lama sabachthani, Dios mío, Dios mío por qué me has abandonado. Salmo 31:6 En tus manos encomiendo mi Espíritu y Tú, Señor, Dios fiel, me libraras.

Acabamos de leer: El que hace paz en los cielos, Él haga la paz para nosotros y para todo Israel. La paz les dejo mi paz les doy, Jesús proclama Paz en el Cielo, o sea, la del Padre y la que Él nos da en la tierra a nosotros, gracias a su sacrificio.

DUEÑO DE CASA:
Temed a Dios, Sus santos, pues nada falta a los que le temen. Los poderosos pueden empobrecer y sufrir hambre, pero los que buscan a Dios no carecerán de todo lo bueno. Dad gracias a Dios porque es bueno, porque es eterna su Misericordia. Abres Tus manos y satisfaces el deseo de todo ser viviente. Bendito es el hombre que confía en Dios, y Dios será amparo. Joven fui y llegue a viejo, mas nunca he visto a un justo abandonado, ni a sus hijos mendigando pan. Dios dará fortaleza a Su pueblo, Dios bendecirá a Su pueblo con paz.

TODOS:
Bendito seas Señor, Dios nuestro, rey del Universo, creador del fruto de la vid.

NARRADOR:
Por favor, todos bebemos la tercera copa.

De todas las copas esta es la más importante, la que rescato a la humanidad,
Esta es la copa de la Alianza nueva y eterna.
Lucas 22:20"Después de la cena hizo lo mismo con la copa, diciendo: "Esta copa es la Nueva Alianza sellada con mi Sangre, que se derrama por ustedes".
Mateo 26:27-29 "Después tomó una copa, dio gracias y se la paso diciendo: "Beban todos de ella, porque esta es mi Sangre, la Sangre de la Alianza, que será derramada por muchos para el perdón de los pecados ".

LA CUARTA COPA, LA DE LA ALABANZA
Y LA COPA DEL PROFETA ELIAS

NARRADOR:
Por favor llenemos la cuarta copa.

Dueño de Casa, aparte de llenar su copa, por favor llene la copa de Elías, esta copa, la que se llena para el Profeta Elías no es para ser bebida, es para Elías, no para nosotros.

Los profetas habían anunciado que el Mesías iba a ser anunciado por Elías y que Este llegaría específicamente en Pascua. Si recordamos la transfiguración de Jesús identificamos al Mesías; ambas profecías se cumplen esta noche.

Por favor Dueño de Casa, proceda a sacar de su casa la copa del profeta Elías. Y mientras él lo hace pronunciamos la siguiente oración.

DUEÑO DE CASA:
Derrama sobre ellos tu furor, que los alcance el fuego de tu ira, que sus propiedades queden devastadas y sus carpas sin habitantes porque persiguieron al que tu heriste y aumentaron los dolores de tu víctima, impútales falta tras falta y que de ella nunca se libren, sean borrados del libro de los vivos y no sean inscritos en el libro de los justos.
Salmo 69:25-29

NARRADOR:
En esta última oración es evidente como nuestros hermanos mayores en la Fe no saben lo que están diciendo ¿de quién se habla cuando se sentencia al que no se va a reconocer? Ellos aún no reconocen a Jesús como el Mesías, 40 años después de la muerte de Jesús, Tito entra en Jerusalén justo un día de Pascua, poco tiempo después, se quedan sin Templo en el Año 70 cuando las fuerzas romanas comandadas por el mismo Tito acabaron con el Templo y mataron a los sucesores de Moisés y se quedaron sin sucesión de sumos sacerdotes, lo que comparativamente significa para nosotros, la sucesión Apostólica, es como si nos quedáramos sin sacerdotes para celebrar la Santa Misa, ellos han vivido en diáspora desde entonces. Nuestros hermanos judíos no tienen templo, sino sinagogas para leer el Talmud, y continúan siendo perseguidos en constante guerra. Es una verdadera lástima que sigan orando año tras año una lectura que les afecta directamente.

DUEÑO DE CASA: Cierra la puerta y se dice:

¿DONDE ESTA VUESTRO DIOS?

TODOS:
Nuestro Dios está en los cielos, ha hecho todo lo que le place.

DUEÑO DE CASA:
Los ídolos de los no creyentes son de plata y oro, obra de manos del hombre. Tienen boca y no hablan, tienen ojos y no ven, tienen orejas y no oyen, tienen nariz y no huelen, tienen manos y no palpan, tienen pies y no caminan, no hablan por su garganta. Como ellos serán quienes los hacen, quienes confíen en ellos se volverá como ellos. SALMO 115:4-8

TODOS:
Hermanos, confiad en Dios, Él es vuestra ayuda y amparo.
Casa de Aaron, confiad en Dios; Él es vuestra ayuda y amparo.
Temerosos de Dios, confiad en Dios, Él es vuestra ayuda y amparo. SALMO 115:9-11

DUEÑO DE CASA:
El Señor que nos recuerda, bendecirá. Bendecirá la casa de Israel, bendecirá la casa de Aaron. Bendecirá a los que temen a Dios, a los pequeños y a los grandes. Que Dios multiplique a vosotros, a vosotros y a vuestros hijos. Benditos seáis para Dios, creador del cielo y de la tierra. Los cielos son los cielos del Señor, más la tierra la dio a los hijos del hombre. Los muertos no alaban a Dios, tampoco los que descienden al sepulcro. Pero nosotros bendeciremos a Dios, desde ahora y hasta la eternidad. SALMO 115:12-18

NARRADOR:
Después de haberle servido la copa al profeta Elías; David en el salmo le está diciendo a su pueblo, que siguen adorando a sus ídolos de oro y plata, y les dice de quien viene la salvación y que tienen que entrar en sabiduría para reconocer lo sagrado.

DUEÑO DE CASA:
Alabad a Dios todos los pueblos, alabadlo todas las naciones. Porque grande es Su merced para con nosotros y la verdad de Dios perdura para siempre.

DUEÑO DE CASA: Agradeced a Dios porque es bueno,

TODOS: Porque es eterna su Misericordia.

DUEÑO DE CASA: Diga ahora Israel:

TODOS: Porque es eterna su Misericordia.

DUEÑO DE CASA: Digan los temerosos de Dios:

TODOS: Porque es eterna su Misericordia.

DUEÑO DE CASA:
En mi angustia invoque a Dios, y Él respondió profusamente. Dios está conmigo, no temeré. ¿Qué puede hacerme el hombre? Dios es mí ayuda

34

yo me ocupare de mis enemigos. Es mejor confiar en Dios que fiarse de los hombres. Es mejor confiar en Dios que fiarse de los príncipes. Todos los pueblos me han cercado, más en nombre de Dios los abatiré. Me rodearon como abejas, mas fueron extinguidos como espinos en llamas, pues en nombre de Dios los abatiré. Me acometieron para que cayera, pero Dios me socorrió. Él es mi fortaleza y mi canto, y fue para mí la salvación. Voz de canto y de salvación resuena en las moradas de los justos.

TODOS:
La diestra de Dios hace proezas.
La diestra de Dios se ha elevado.
La diestra de Dios hace proezas.

NARRADOR:
¿Quién se ha elevado?

¿Quién está sentado a la diestra de Dios Padre? *Volvemos al Salmo 110: Dijo el Señor a mi Señor: "Siéntate a mi derecha, mientras yo pongo a tus enemigos como estrado de tus pies El Señor extenderá el poder de tu cetro: "¡Domina desde Sión, en medio de tus enemigos!" "Tú eres príncipe desde tu nacimiento, con esplendor de santidad; yo mismo te engendré como rocío, desde el seno de la aurora". El Señor lo ha jurado y no se retractará: "Tú eres sacerdote para siempre, a la manera de Melquisedec". A tu derecha, Señor, él derrotará a los reyes, en el día de su enojo; juzgará a las naciones, amontonará cadáveres y aplastará cabezas por toda la tierra. En el camino beberá del torrente, por eso erguirá su cabeza.*

DUEÑO DE CASA
No moriré, sino que he de vivir y relatare las obras de Dios. El Señor me ha castigado, mas no me entregó a la muerte.

La piedra que rechazaron los constructores, fue cabecera de ángulo.
De Dios es esta obra, maravillosa a nuestros ojos.
Este es el día que Dios hizo, regocijémonos y alegrémonos en Él.

NARRADOR:
Salmo 31:6 En tus manos encomiendo mi Espíritu y Tu, Señor, Dios fiel, me libraras.

Marcos 12:10 ¿No han leído este pasaje de la Escritura que dice: La piedra que rechazaron los constructores ha llegado a ser la piedra principal del edificio. 11 Esta es la obra del Señor, y nos dejó maravillados?" Mateo 16,18-19 "Y yo a mi vez te digo que tú eres Pedro, y sobre esta piedra edificaré mi Iglesia, y las puertas del infierno no prevalecerán contra ella. A ti te daré las llaves del Reino de los Cielos; y lo que ates en la tierra quedará atado en los cielos, y lo que desates en la tierra quedará desatado en los cielos"

DUEÑO DE CASA: ¡Oh Dios! Sálvanos, Te imploramos
TODOS: ¡Oh Dios! Sálvanos, Te imploramos

DUEÑO DE CASA: ¡Oh Dios! Haznos triunfar, te imploramos
TODOS: ¡Oh Dios! Haznos triunfar, te imploramos
Bendito, ¡Bendito el que viene en nombre del Señor! Nosotros los bendecimos desde la Casa del Señor. SALMO 118:26

NARRADOR:
Nosotros rezamos la anterior oración, como parte de las oraciones Eucarísticas en cada Misa, Jesús nos dijo en Mateo 23:39 "Les aseguro que ya no me verán más, hasta que digan: ¡Bendito el que viene en nombre del Señor!"
O sea, en la Misa justo antes de la consagración.

TODOS:
Tú eres mi Dios y te agradeceré,
Tú eres mi Dios y te exaltare.
Agradeced a Dios porque es bueno,
Porque es eterna su misericordia.

DUEÑO DE CASA:
Todas las obras te alabaran, oh Señor, Dios nuestro, y Tus piadosos, los justos que hacen Tu voluntad, y todo Tu pueblo, la casa de Israel, con regocijo agradecerán y bendecirán, alabaran y exaltaran, Santificaran y coronaran Tu nombre, oh Rey nuestro. Porque a Ti es bueno agradecer y es agradable cantar Tu nombre, porque desde siempre y para siempre Tu eres Dios.

EL GRAN HALEL, SALMO 136

DUEÑO DE CASA: Demos gracias a Dios porque es bueno
TODOS: Porque es eterna su misericordia.

DUEÑO DE CASA: Demos gracias al Dios de los Dioses,
TODOS: Porque es eterna su misericordia.

DUEÑO DE CASA: Demos gracias al Señor de los Señores,
TODOS: Porque es eterna su misericordia.

DUEÑO DE CASA: Demos gracias al único que ha hecho maravillas, **TODOS:** Porque es eterna su misericordia.

DUEÑO DE CASA: Demos gracias al que con sabiduría hizo los cielos, **TODOS:** Porque es eterna su misericordia.

DUEÑO DE CASA: Demos gracias al que puso la tierra sobre las aguas, **TODOS:** Porque es eterna su misericordia.

DUEÑO DE CASA: Demos gracias al que creo las grandes luminarias, **TODOS:** Porque es eterna su misericordia.

DUEÑO DE CASA: Demos gracias al sol para que gobierne al día,
TODOS: Porque es eterna su misericordia.

DUEÑO DE CASA: Demos gracias a la luna y las estrellas para que manden la noche,
TODOS: Porque es eterna su misericordia.

DUEÑO DE CASA: Demos gracias al que castigo a Egipto en sus primogénitos,
TODOS: Porque es eterna su misericordia.

DUEÑO DE CASA: Demos gracias y a Israel lo saco de en medio de ellos,
TODOS: Porque es eterna su misericordia.

DUEÑO DE CASA: Demos gracias con mano fuerte y brazo levantado, **TODOS:** Porque es eterna su misericordia.

DUEÑO DE CASA: Demos gracias al que separo en dos el mar rojo, **TODOS:** Porque es eterna su misericordia.

DUEÑO DE CASA: Demos gracias y condujo a Israel en medio de Él, **TODOS:** Porque es eterna su misericordia.

DUEÑO DE CASA: Demos gracias y arrojo al faraón y a sus huestes al mar,
TODOS: Porque es eterna su misericordia

DUEÑO DE CASA: Demos gracias al que condujo a Su pueblo en el desierto,
TODOS: Porque es eterna su misericordia.

DUEÑO DE CASA: Demos gracias al que abatió a los grandes reyes, **TODOS:** Porque es eterna su misericordia.

DUEÑO DE CASA: Demos gracias y mato a poderosos soberanos, **TODOS:** Porque es eterna su misericordia.

DUEÑO DE CASA: Demos gracias a Sijón, rey de los Amorreo,
TODOS: Porque es eterna su misericordia.

DUEÑO DE CASA: Demos gracias a Og, rey de Basan,
TODOS: Porque es eterna su misericordia.

DUEÑO DE CASA: Demos gracias y traspaso sus tierras como herencia,
TODOS: Porque es eterna su misericordia.

DUEÑO DE CASA: Demos gracias Demos gracias En herencia a Israel, su servidor,
TODOS: Porque es eterna su misericordia.

DUEÑO DE CASA: Demos gracias al que nos atendió en nuestro sufrimiento,
TODOS: Porque es eterna su misericordia.

DUEÑO DE CASA: Demos gracias y nos rescató de nuestros opresores
TODOS: Porque es eterna su misericordia.

DUEÑO DE CASA: Demos gracias al que da pan a todo ser carnal, **TODOS:** Porque es eterna su misericordia.

DUEÑO DE CASA: Demos gracias Agradeced al Dios de los cielos, **TODOS:** Porque es eterna su misericordia

DUEÑO DE CASA:
El alma de todo ser vivo bendecirá Tu nombre, Señor, Dios nuestro, y espíritu de toda criatura glorificara y exaltara siempre Tu memoria, nuestro Rey, por siempre y para siempre Tu eres Dios, y fuera de Ti no tenemos rey alguno que redima y salve, rescate y proteja y sustente y se apiade en todo momento de aflicción y angustia. No tenemos otro rey fuera de Ti, Tú eres Dios de los primeros y de los últimos, Dios de todos los seres, el Señor de todas las generaciones, el alabado con múltiples loas, el que guía Su mundo con merced y Sus criaturas con clemencia. Y Dios no dormita ni duerme, sino al contrario, despierta a los dormidos y despabila a los somnolientos, hace hablar a los

mudos y libera a los presos, sostiene a los caídos y endereza a los encorvados. A Ti solo agradecemos.

NARRADOR:
¿USTEDES RECONOCEN ESTOS MILAGROS Y PRODIGIOS?

Libro de Isaías 42,1-7. Este es mi Servidor, a quien yo sostengo, mi elegido, en quien se complace mi alma. Yo he puesto mi espíritu sobre él para que lleve el derecho a las naciones.
El no gritará, no levantará la voz ni la hará resonar por las calles.
No romperá la caña quebrada ni apagará la mecha que arde débilmente. Expondrá el derecho con fidelidad;
no desfallecerá ni se desalentará hasta implantar el derecho en la tierra, y las costas lejanas esperarán su Ley.
Así habla Dios, el Señor, el que creó el cielo y lo desplegó, el que extendió la tierra y lo que ella produce, el que da el aliento al pueblo que la habita y el espíritu a los que caminan por ella.
Yo, el Señor, te llamé en la justicia, te sostuve de la mano, te formé y te destiné a ser la alianza del pueblo, la luz de las naciones,
para abrir los ojos de los ciegos, para hacer salir de la prisión a los cautivos y de la cárcel a los que habitan en las tinieblas.

NARRADOR:
Por favor todos bebamos la cuarta copa y digamos:

TODOS
Bendito seas Señor Dios nuestro, Rey del Universo, creador del fruto de la vid.

DUEÑO DE CASA ASUME UNA POSICIÓN DE RESPETO Y ORA:
Apiádate Señor, Dios nuestro, de Tu pueblo Israel y de Jerusalén Tu ciudad y de Sión, la morada de Tu gloria, y de Tu altar y Tu templo. Y reconstruye a Jerusalén, Tu ciudad sagrada, pronto en nuestros días y llévanos a ella, para que nos regocijemos con su construcción, comamos de su fruto y nos saciemos con sus beneficios. Y a Ti bendeciremos por ella en santidad y pureza.

Se ha concluido el Seder de Pascua según su rito y conforme a todos sus preceptos y leyes.

Así como ahora nos fue dado celebrarlo, merecemos hacerlo en el futuro.

Señor que moras en las alturas, conduce pronto a los retoños por Ti plantados a Sión en júbilo y redimidos.

Ha concluido la cena.

TODOS:
EL PROXIMO AÑO LIBRES EN JERUSALEN!!!!!!
FIN DEL HAGADA DE PASCUA JUDIO

EL HAGADA (RELATO) DE LA ÚLTIMA CENA

Al concluir la cena de tradición judía, hemos tenido una experiencia personal con nuestro Señor, Dios se nos ha revelado a cada uno en forma diferente.

La Ultima Cena, sucedió hace casi 2000 años, ustedes saben muy bien que esa cena no termino como esta cena que acabamos de celebrar, ahora vamos a enumerar lo que hizo de esa Cena Pascual una Cena diferente a todas los anteriores.

Para ponernos en contexto analicemos las particularidades de esa noche:

La Ultima Cena no fue un Seder normal, Jesús en calidad de Sumo sacerdote, la adelanto un día, en vez de haber sido preparada en 14 de Nisan y Celebrada al ponerse la noche y entrar al 15 de Nisan, Jesús llevo a cabo la Ultima Cena en la noche del 14 de Nisan, durante el 14 de Nisan se sacrificaban los corderos en el Templo, en las primeras horas de la tarde, hasta el anochecer (la hora Nona), casualmente Jesús murió en la cruz en ese mismo momento, convirtiéndose en el Cordero de Dios.

En esa cena no hubo Mujeres, ni Niños, tampoco hubo Invitados forasteros, criados o servidumbre, estuvo presente el diablo en Judas Iscariote, y ambos fueron despachados antes de llegar la copa tercer copa, la de la redención, por eso entendemos el final miserable que tuvo Judas.

Hemos escuchado muchas veces que nuestra Iglesia es Santa, Católica y Apostólica, Esa noche tan especial Jesús Santifico a nuestra Iglesia, es por eso que la llamamos Santa, fue Santificada por Dios, la hizo Católica o sea Universal, al pedirnos que celebremos el sacrificio en Su nombre, sabemos que eso sucede en todo el mundo a toda hora en cada misa y Apostólica porque la celebro con sus Apóstoles y se la delego a sus Apóstoles.

Esta Pascua a diferencia de los 32 anteriores que Jesús celebro durante su estadía con nosotros, fue altamente ansiada y esperada por El.

Otra diferencia de esta pascua a las anteriores esta justo en el momento en el que el niño, que debe de haber sido Juan, que después de encontrar el
Afikoman se lo trajo a su Maestro, al que hacía de Dueño de Casa esa noche, al más Anciano, al que aparte de Dueño de casa fue también Narrador.

Jesucristo hizo algo con el Afikoman que definitivamente NO está en el rito de la Pascua judía:

El DUEÑO DE CASA LEVANTA EL AFIKOMAN DESTAPADO, Y EN EL PLATO.

NARRADOR:
Tomo el Pan

DUEÑO DE CASA BAJA EL PLATO Y LEVANTA EL PAN MOSTRANDOLO

NARRADOR:
Dio Gracias

HAGADA DE PASCUA DE LA ÚLTIMA CENA

DUEÑO DE CASA LO PARTE *(sin hablar):*

NARRADOR:
Lo partió

DUEÑO DE CASA REPARTE A SUS INVITADOS *(sin hablar):*

NARRADOR:
Y se los dio a los Discípulos diciendo:
Este es Mi cuerpo que será entregado por ustedes.

NARRADOR:
Esto no está en la cena Judía, pero SI está en la SANTA MISA CATOLICA.

Este pan que se acaba de fraccionar, es el Afikoman, que prefigura a la segunda persona de la Santísima Trinidad, sus 11 discípulos deben haberse acordado lo que Jesús dijo en: Juan 6:33 "Yo soy el Pan bajado del cielo, y ellos dijeron, Señor danos siempre de ese pan" Juan 6:35 Yo soy el pan de vida el que viene a mi nunca tiene hambre."

Acordémonos que en esa mesa todos se conocían desde hacía mucho tiempo y hablaban el mismo idioma, por lo tanto nada de lo que se dijo podría no haber sido entendido.

Hasta este momento Jesús siempre había explicado sus parábolas, pero El NO explica la Eucaristía, porque El la llama MI CARNE ES VERDADERA COMIDA Y MI SANGRE ES VERDADERA BEBIDA, EL QUE COME MI CARNE Y BEBE MI SANGRE, YO PERMANEZCO EN EL, Y EL EN MI.

Entonces Jesús se acercó a la tercera copa, la de la Redención y de la misma forma y contrario a la tradición del Seder, DIJO:
"Esta es mi sangre, Sangre de la alianza nueva y eterna, que será derramada por ustedes para el perdón de sus pecados".
Esta última frase es 100% parte de nuestra Misa, es el preámbulo para el
 sacrificio Pascual. Esta es la misma copa que Jesús ruega no beber hasta que esté en su condición de Cordero Pascual se resigna y dice a su Padre: "que no se haga mi voluntad sino la tuya", así entra Jesús en presencia de su Padre, Y para nuestra salvación, son las mismas palabras que María le pronuncio al Ángel Gabriel en la anunciación.

Si ustedes recuerdan en el Seder, durante la tercera copa, invocamos a un Mesías que nos venga a Redimir, yo pregunto en condición de pecador: ¿el Mesías vino o no esa noche?.

Una vez instituida la Eucaristía Jesús nos da una orden, en calidad de Sumo sacerdote (Cohen Hagadol): Lucas 22:20 "Hagan esto en conmemoración mía". Con esa orden se instituye el Orden Sacerdotal Lucas 22:20

Acto seguido Jesús se levantó y se retiró a monte de los olivos dejando la cena incompleta, algo inconcebible para un Rabino.

HAGADA DE PASCUA DE LA ÚLTIMA CENA

El mismo día, recordemos que para los judíos el día iba de anochecer en anochecer, Viernes Santo, a las 3 de la tarde, a la misma hora en la que los judíos estaban sacrificando los corderos para la Pascua, Jesús fue sacrificado convirtiéndose en:
CORDERO DE DIOS

Cordero de Dios, que quitas el pecado del mundo, ten piedad de nosotros.

Cordero de Dios, que quitas el pecado del mundo, danos la paz.

¿Se acuerdan que en la introducción hablamos de los aspectos de la Cena?
Aspecto pascual o celebración, aspecto sacrificial y Banquete de Bodas

*Está claro que la cena que Jesús tuvo con sus discípulos fue **una celebración de pascua** en la que, en el tiempo de Jesús, se sacrificaban animales tal y como esta explicado en la Torá. Sin embargo, en esa Cena de pascua NO hubo cordero, simplemente no habían sido sacrificados aun, si lo hubo, no fue el del sacrificio....... El verdadero Cordero estaba sentado en la mesa diciéndoles a sus discípulos que tenían que hacer todo lo que Él hizo esa noche para conmemorarlo a Él a través de todo lo sucedido esa noche.*

*Jesús, que se entregó en **sacrificio pascual** por nosotros, para el perdón de nuestros pecados, murió en la cruz, tal y como fue profetizado por el Rey David en el Salmo 22 casi 1000 años antes del nacimiento de Jesús.*

Las últimas palabras de Jesús en la Cruz son las primeras palabras de el Salmo 22, el resto del Salmo está implícito, y nos narra lo que Jesús veía desde la cruz, como nació de una mujer, como fue golpeado, como se burlaron de Él, como se robaron sus ropas, como perforaron sus manos y pies, Jesús en la cruz pareciera que estuviera reclamando un abandono del Padre, debilitado no termina el Salmo y fallece. Sin embargo Dios en su inmensa sabiduría, 1000 años antes había usado a David para que nos contara de ese momento. Ese Salmo que Jesús empieza, nosotros sabemos cómo termina:
Salmo 22:28-32 Todos los confines de la tierra se acordarán y volverán al Señor; todas las familias de los pueblos se postrarán en su presencia. Porque sólo el Señor es Rey y El gobierna a las naciones. Todos los que duermen en el
sepulcro se postrarán en su presencia; todos los que bajaron a la tierra doblarán la rodilla ante él, y los que no tienen vida glorificarán su poder. Hablarán del Señor a la generación futura, anunciarán su justicia a los que nacerán después, porque esta es la obra del Señor.

Hoy a más de 2000 años del nacimiento de Jesús, aun estamos hablando de Él, todo el planeta lo hace, cada vez que miramos un calendario, vemos nuestro reloj, marcamos y celebramos nuestras fechas, hacemos cheques, etc.

Jesús murió por el perdón de nuestros pecados y cambio el curso de la humanidad haciéndolo, Como rezamos en el Credo: Jesús fue sepultado y al tercer día Resucito de entre los Muertos y su reino no tendrá fin.

Jesús muriendo en la Cruz sella con su sacrificio, la Alianza nueva y Eterna para el Perdón de nuestros pecados y ha de venir de nuevo con Gloria, por los siglos de los siglos.
AMEN.

Los Judíos no lo reconocieron como el Mesías, lo siguen esperando, nosotros sin embargo, estamos esperando su segunda venida.

Cumpliendo con las profecías, Jesús resucito al tercer día, ¡Jesucristo ha Resucitado! No está muerto, está en el Sagrario, está en la Eucaristía, a toda hora en cada iglesia Católica (Universal), paso a ser una celebración que se hacía una vez al año y que la celebraba solo un pueblo, paso a ser a toda hora y en todo el Mundo.

Dichosos los llamados a la cena del Señor.........
En cada Misa, en cada eucaristía hay una renovación de votos entre Jesús y su pueblo, en cada una se sella la Alianza nueva y Eterna. Cada vez que recibimos la Eucaristía nos hacemos uno en Cristo, cada Eucaristía, cada misa es un **banquete de bodas**, en la que Él nos acepta como su Novia, sabemos que El es el Novio, el Novio del que se habló durante el Cantar de Cantares y del que hablo Jeremías. Cada vez que nos presentamos ante Jesús en la Eucaristía El, levanta nuestro velo de la carne y escoge si casarse con nosotros o no.

TODOS:
EL DOMINGO PROXIMO EN MISA!!!!!!!

BIBLIOGRAFIA:

LA SAGRADA BIBLIA: Versiones:

- *Edición Ecuménica Barsa.*
- *Latinoamericana.*
- *Jerusalén.*

LA CENA DEL CORDERO: Scott Hann

JESUS DE NAZARET, Desde el bautismo a la transfiguración: Papa Benedicto XVI

JESUS DE NAZARET, Desde la entrada a Jerusalén hasta la Resurrección: Papa Benedicto XVI

CATECISMO DE LA IGLESIA CATOLICA.

CITAS DEL PAPA BENEDICTO XVI

Jesús de Nazaret (Desde la Entrada en Jerusalén hasta la Resurrección)

"Jesús celebro tres fiestas de Pascua durante el tiempos de su vida pública"

La última fue "la Pascua de la muerte y resurrección que se ha convertido en "su" gran Pascua, en la cual se funda la fiesta cristiana, la Pascua de los cristianos".

"Su exigencia se funda en la obediencia a los mandatos del Padre, Sus pasos son un caminar por la senda de la Palabra de Dios"

Lo que le dijeron al entrar en Jerusalén "Salmo 118, Bendito el que viene en nombre del Señor" "había adquirido un sentido mesiánico. Más aún se había convertido incluso en la denominación de Aquel que había sido prometido por Dios. "Se transformó en una alabanza a Jesús"

"los sacrificios se llevan a cumplimiento en la Cruz de Cristo; en Él se ha realizado lo que intentaban hacer todos los sacrificios –la expiación- y, así, Jesús mismo se ha puesto en el lugar del templo: el nuevo templo es Él"

Pablo dice en su carta a los Romanos: "mediante la redención de Cristo Jesús, a quien constituyo sacrificio de propiciación mediante la fe en su sangre. "Sacrificio de propiciación en Hebreo se dice "hilasterion" y en hebreo "kapporet". Así se llamaba la cubierta del Arca de la Alianza. Tapa sobre la cual se vertía la sangre del animal inmolado, como víctima de expiación" "La idea de fondo es que la sangre del sacrificio, en la que han sido puestos todos los pecados de los hombres, es purificada al tocar la divinidad misma y, así, mediante el contacto con Dios, también los hombres, representados por esta sangre, vuelven a ser puros".

Benedicto XVI, Audiencia General, Plaza de San Pedro, Miércoles 20 de Abril del 2011. Triduo Pascual:

Queridos hermanos y hermanas:

El Jueves Santo, por la tarde, comienza efectivamente el Triduo Pascual, con la memoria de la Última Cena, en la que Jesús instituyó el Memorial de su Pascua, cumpliendo así el rito pascual judío. De acuerdo con la tradición, cada familia judía, reunida en torno a la mesa en la fiesta de Pascua, come el cordero asado, conmemorando la liberación de los israelitas de la esclavitud de Egipto; así, en el Cenáculo, consciente de su muerte inminente, Jesús, verdadero Cordero pascual, se ofrece a sí mismo por nuestra salvación (cf. 1 Co 5, 7). Al pronunciar la bendición sobre el pan y sobre el vino, anticipa el sacrificio de la cruz y manifiesta la intención de perpetuar su presencia en medio de los discípulos: bajo las especies del pan y del vino, se hace realmente presente con su cuerpo entregado y con su sangre derramada. Durante la Última Cena los

Apóstoles son constituidos ministros de este sacramento de salvación; Jesús les lava los pies (cf. Jn 13, 1-25), invitándolos a amarse los unos a los otros como él los ha amado, dando la vida por ellos. Repitiendo este gesto en la liturgia, también nosotros estamos llamados a testimoniar efectivamente el amor de nuestro Redentor.

El Jueves Santo, por último, se concluye con la adoración eucarística, recordando la agonía del Señor en el huerto de Getsemaní.

RELACIONADO CON EL CATECISMO DE LA IGLESIA CATOLICA

"El cordero que quita el pecado del mundo"

608 Juan Bautista, después de haber aceptado bautizarle en compañía de los pecadores (cf. Lc 3, 21; Mt 3, 14-15), vio y señaló a Jesús como el "Cordero de Dios que quita los pecados del mundo" (Jn 1, 29; cf. Jn 1, 36). Manifestó así que Jesús es a la vez el Siervo doliente que se deja llevar en silencio al matadero (Is 53, 7; cf. Jr 11, 19) y carga con el pecado de las multitudes (cf. Is 53, 12) y el cordero pascual símbolo de la redención de Israel cuando celebró la primera Pascua (*Ex* 12, 3-14; cf. *Jn* 19, 36; *1 Co* 5, 7). Toda la vida de Cristo expresa su misión: "Servir y dar su vida en rescate por muchos" (*Mc* 10, 45).

757 «La Iglesia que es llamada también "la Jerusalén de arriba" y "madre nuestra" (*Ga* 4, 26; cf. *Ap*12, 17), y se la describe como la esposa inmaculada del Cordero inmaculado (*Ap* 19, 7; 21, 2. 9; 22, 17). Cristo "la amó y se entregó por ella para santificarla" (*Ef* 5, 25-26); se unió a ella en alianza indisoluble, "la alimenta y la cuida" (*Ef* 5, 29) sin cesar».

La Iglesia es la Esposa de Cristo

796 La unidad de Cristo y de la Iglesia, Cabeza y miembros del cuerpo, implica también la distinción de ambos en una relación personal. Este aspecto es expresado con frecuencia mediante la imagen del esposo y de la esposa. El tema de Cristo Esposo de la Iglesia fue preparado por los profetas y anunciado por Juan Bautista (cf. *Jn* 3, 29). El Señor se designó a sí mismo como "el Esposo" (*Mc* 2, 19; cf. *Mt* 22, 1-14; 25, 1-13). El apóstol presenta a la Iglesia y a cada fiel, miembro de su Cuerpo, como una Esposa "desposada" con Cristo Señor para "no ser con él más que un solo Espíritu" (cf. *1 Co* 6,15-17; *2 Co* 11,2). Ella es la Esposa inmaculada del Cordero inmaculado (cf. *Ap* 22,17; *Ef* 1,4; 5,27), a la que Cristo "amó y por la que se entregó a fin de santificarla" (*Ef* 5,26), la que él se asoció mediante una Alianza eterna y de la que no cesa de cuidar como de su propio Cuerpo (cf. *Ef* 5,29):

«He ahí el Cristo total, cabeza y cuerpo, un solo formado de muchos [...] Sea la cabeza la que hable, sean los miembros, es Cristo el que habla. Habla en el papel de cabeza [*ex persona capitis*] o en el de cuerpo [*ex persona corporis*]. Según lo que está escrito: "Y los dos se harán una sola carne. Gran misterio es éste, lo digo respecto a Cristo y la Iglesia."(*Ef* 5,31-32) Y el Señor mismo en el evangelio dice: "De manera que ya no son dos sino una sola carne" (*Mt* 19,6). Como lo habéis visto bien, hay en efecto dos personas diferentes y, no obstante, no forman más que una en el abrazo conyugal ... *Como cabeza él se llama "esposo" y como cuerpo "esposa"*(San Agustín, *Enarratio in Psalmum* 74, 4: PL 36, 948-949).

865 La Iglesia es *una, santa, católica y apostólica* en su identidad profunda y última, porque en ella existe ya y será consumado al fin de los tiempos "el Reino de los cielos", "el Reino de Dios" (cf.*Ap* 19, 6), que ha venido en la persona de Cristo y que crece misteriosamente en el corazón de los que le son incorporados hasta su plena manifestación escatológica. Entonces *todos* los hombres rescatados por él, hechos en él "santos e inmaculados en presencia de Dios en el Amor" (*Ef* 1, 4), serán reunidos como el *único* Pueblo de Dios, "la Esposa del Cordero" (*Ap* 21, 9), "la Ciudad Santa que baja del Cielo de junto a Dios y tiene la gloria de Dios" (*Ap* 21, 10-11); y "la muralla de la ciudad se asienta sobre doce piedras, que llevan los nombres de los *doce Apóstoles del Cordero"* (*Ap* 21, 14).

1328 La riqueza inagotable de este sacramento se expresa mediante los distintos nombres que se le da. Cada uno de estos nombres evoca alguno de sus aspectos. Se le llama:

Eucaristía porque es acción de gracias a Dios. Las palabras *eucharistein* (*Lc* 22,

19; *1 Co* 11,24) y *eulogein* (*Mt* 26,26; *Mc* 14,22) recuerdan las bendiciones judías que proclaman —sobre todo durante la comida— las obras de Dios: la creación, la redención y la santificación.

1329 *Banquete del Señor* (cf *1 Co* 11,20) porque se trata de la *Cena* que el Señor celebró con sus discípulos la víspera de su pasión y de la anticipación del *banquete de bodas del Cordero* (cf*Ap* 19,9) en la Jerusalén celestial.

Fracción del pan porque este rito, propio del banquete judío, fue utilizado por Jesús cuando bendecía y distribuía el pan como cabeza de familia (cf *Mt* 14,19; 15,36; *Mc* 8,6.19), sobre todo en la última Cena (cf *Mt* 26,26; *1 Co* 11,24). En este gesto los discípulos lo reconocerán después de su resurrección (*Lc* 24,13-35), y con esta expresión los primeros cristianos designaron sus asambleas eucarísticas (cf *Hch* 2,42.46; 20,7.11). Con él se quiere significar que todos los que comen de este único pan, partido, que es Cristo, entran en comunión con él y forman un *solo cuerpo* en él (cf *1 Co* 10,16-17).

III. La Eucaristía en la economía de la salvación

Los signos del pan y del vino

1333 En el corazón de la celebración de la Eucaristía se encuentran el pan y el vino que, por las palabras de Cristo y por la invocación del Espíritu Santo, se convierten en el Cuerpo y la Sangre de Cristo. Fiel a la orden del Señor, la Iglesia continúa haciendo, en memoria de Él, hasta su retorno glorioso, lo que Él hizo la víspera de su pasión: "Tomó pan...", "tomó el cáliz lleno de vino...". Al convertirse misteriosamente en el Cuerpo y la Sangre de Cristo, los signos del pan y del vino siguen significando también la bondad de la creación. Así, en el ofertorio, damos gracias al Creador por el pan y el vino (cf *Sal* 104,13-15), fruto "del trabajo del hombre", pero antes, "fruto de la tierra" y "de la vid", dones del Creador. La Iglesia ve en el gesto de Melquisedec, rey y sacerdote, que "ofreció pan y vino" (*Gn* 14,18), una prefiguración de su propia ofrenda (cf *Plegaria Eucaristía I o Canon Romano*, 95; *Misal Romano*).

1334 En la Antigua Alianza, el pan y el vino eran ofrecidos como sacrificio entre las primicias de la tierra en señal de reconocimiento al Creador. Pero reciben

también una nueva significación en el contexto del Éxodo: los panes ácimos que Israel come cada año en la Pascua conmemoran la salida apresurada y liberadora de Egipto. El recuerdo del maná del desierto sugerirá siempre a Israel que vive del pan de la Palabra de Dios (*Dt* 8,3). Finalmente, el pan de cada día es el fruto de la Tierra prometida, prenda de la fidelidad de Dios a sus promesas. El "cáliz de bendición" (*1 Co* 10,16), al final del banquete pascual de los judíos, añade a la alegría festiva del vino una dimensión escatológica, la de la espera mesiánica del restablecimiento de Jerusalén. Jesús instituyó su Eucaristía dando un sentido nuevo y definitivo a la bendición del pan y del cáliz.

1339 Jesús escogió el tiempo de la Pascua para realizar lo que había anunciado en Cafarnaúm: dar a sus discípulos su Cuerpo y su Sangre:

«Llegó el día de los Ázimos, en el que se había de inmolar el cordero de Pascua; [Jesús] envió a Pedro y a Juan, diciendo: "Id y preparadnos la Pascua para que la comamos"[...] fueron [...] y prepararon la Pascua. Llegada la hora, se puso a la mesa con los Apóstoles; y les dijo: "Con ansia he deseado comer esta Pascua con vosotros antes de padecer; porque os digo que ya no la comeré más hasta que halle su cumplimiento en el Reino de Dios" [...] Y tomó pan, dio gracias, lo partió y se lo dio diciendo: "Esto es mi cuerpo que va a ser entregado por vosotros; haced esto en recuerdo mío". De igual modo, después de cenar, tomó el cáliz, diciendo: "Este cáliz es la Nueva Alianza en mi sangre, que va a ser derramada por vosotros"» (*Lc* 22,7-20; cf *Mt* 26,17-29; *Mc* 14,12-25; *1 Co* 11,23-26).

1340 Al celebrar la última Cena con sus Apóstoles en el transcurso del banquete pascual, Jesús dio su sentido definitivo a la pascua judía. En efecto, el paso de Jesús a su Padre por su muerte y su resurrección, la Pascua nueva, es anticipada en la Cena y celebrada en la Eucaristía que da cumplimiento a la pascua judía y anticipa la pascua final de la Iglesia en la gloria del Reino.

1345 Desde el siglo II, según el testimonio de san Justino mártir, tenemos las grandes líneas del desarrollo de la celebración eucarística. Estas han permanecido invariables hasta nuestros días a través de la diversidad de tradiciones rituales litúrgicas. He aquí lo que el santo escribe, hacia el año 155, para explicar al emperador pagano Antonino Pío (138-161) lo que hacen los cristianos:

«El día que se llama día del sol tiene lugar la reunión en un mismo sitio de todos los que habitan en la ciudad o en el campo. Se leen las memorias de los Apóstoles y los escritos de los profetas, tanto tiempo como es posible.

Cuando el lector ha terminado, el que preside toma la palabra para incitar y exhortar a la imitación de tan bellas cosas. Luego nos levantamos todos juntos y oramos por nosotros [...] (San Justino, *Apologia*, 1, 67) y por todos los demás donde quiera que estén, [...] a fin de que seamos hallados justos en nuestra vida y nuestras acciones y seamos fieles a los mandamientos para alcanzar así la salvación eterna. Cuando termina esta oración nos besamos unos a otros. Luego se lleva al que preside a los hermanos pan y una copa de agua y de vino mezclados. El presidente los toma y eleva alabanza y gloria al Padre del universo, por el nombre del Hijo y del Espíritu Santo y da gracias (en
griego: *eucharistian*) largamente porque hayamos sido juzgados dignos de estos dones. Cuando terminan las oraciones y las acciones de gracias, todo el pueblo presente pronuncia una aclamación diciendo: *Amén*.

Cuando el que preside ha hecho la acción de gracias y el pueblo le ha respondido, los que entre nosotros se llaman diáconos distribuyen a todos los que están presentes pan, vino y agua "eucaristizados" y los llevan a los ausentes» (San Justino, *Apologia*, 1, 65).

1346 La liturgia de la Eucaristía se desarrolla conforme a una estructura fundamental que se ha conservado a través de los siglos hasta nosotros. Comprende dos grandes momentos que forman una unidad básica:

— la reunión, *la liturgia de la Palabra*, con las lecturas, la homilía y la oración universal;

— *la liturgia eucarística*, con la presentación del pan y del vino, la acción de gracias consecratoria y la comunión.

Liturgia de la Palabra y Liturgia eucarística constituyen juntas "un solo acto de culto" (SC 56); en efecto, la mesa preparada para nosotros en la Eucaristía es a la vez la de la Palabra de Dios y la del Cuerpo del Señor (cf. DV 21).

1347 ¿No se advierte aquí el mismo dinamismo del banquete pascual de Jesús resucitado con sus discípulos? En el camino les explicaba las Escrituras, luego, sentándose a la mesa con ellos, "tomó el pan, pronunció la bendición, lo partió y se lo dio" (cf *Lc* 24, 30; cf. *Lc* 24, 13- 35).

El memorial sacrificial de Cristo y de su Cuerpo, que es la Iglesia

1362 La Eucaristía es el memorial de la Pascua de Cristo, la actualización y la ofrenda sacramental de su único sacrificio, en la liturgia de la Iglesia que es su Cuerpo. En todas las plegarias eucarísticas encontramos, tras las palabras de la institución, una oración llamada *anamnesis* o memorial.

1363 En el sentido empleado por la Sagrada Escritura, el *memorial* no es solamente el recuerdo de los acontecimientos del pasado, sino la proclamación de las maravillas que Dios ha realizado en favor de los hombres (cf *Ex* 13,3). En la celebración litúrgica, estos acontecimientos se hacen, en cierta forma, presentes y actuales. De esta manera Israel entiende su liberación de Egipto: cada vez que es celebrada la pascua, los acontecimientos del Éxodo se hacen presentes a la memoria de los creyentes a fin de que conformen su vida a estos acontecimientos.

1364 El memorial recibe un sentido nuevo en el Nuevo Testamento. Cuando la Iglesia celebra la Eucaristía, hace memoria de la Pascua de Cristo y ésta se hace presente: el sacrificio que Cristo ofreció de una vez para siempre en la cruz, permanece siempre actual (cf *Hb* 7,25-27): «Cuantas veces se renueva en el altar el sacrificio de la cruz, en el que "Cristo, nuestra Pascua, fue inmolado" (*1Co* 5, 7), se realiza la obra de nuestra redención» (LG 3).

CITAS BIBLICAS

Tenía confianza, incluso cuando dije: "¡Qué grande es mi desgracia!" Yo, que en mi turbación llegué a decir: "¡Los hombres son todos mentirosos!" ¿Con qué pagaré al Señor todo el bien que me hizo? Alzaré la copa de la salvación e invocaré el nombre del Señor. Cumpliré mis votos al Señor, en presencia de todo su pueblo. ¡Qué penosa es para el Señor la muerte de sus amigos! Yo, Señor, soy tu servidor, tu servidor, lo mismo que mi madre: por eso rompiste mis cadenas. Te ofreceré un sacrificio de alabanza, e invocaré el nombre del Señor. Cumpliré mis votos al Señor, en presencia de todo su pueblo, en los atrios de la Casa del Señor, en medio de ti, Jerusalén. Salmo 116

Limpien la levadura vieja para que sean masa nueva, así como lo son en realidad sin levadura. Porque aun Cristo, nuestra Pascua, ha sido sacrificado.-1 Corintios 5:7

Se acercaba la Fiesta de los Panes sin Levadura, llamada la Pascua.-Lucas 22:1

HAGADA DE PASCUA DE LA ÚLTIMA CENA

Llegó el día de la Fiesta de los Panes sin Levadura en que debía sacrificarse el cordero de la Pascua.-Lucas 22:7

Ellos fueron y encontraron todo tal como Él les había dicho; y prepararon la Pascua. Cuando llegó la hora, Jesús se sentó a la mesa, y con Él los apóstoles, y les dijo: "Intensamente he deseado comer esta Pascua con ustedes antes de padecer; porque les digo que nunca más volveré a comerla hasta que se cumpla en el reino de Dios." Y tomando una copa, después de haber dado gracias, dijo: "Tomen esto y repártanlo entre ustedes; porque les digo que de ahora en adelante no beberé del fruto de la vid, hasta que venga el reino de Dios." Y tomando el pan, después de haber dado gracias, lo partió, y les dio, diciendo: "Esto es Mi cuerpo que por ustedes es dado; hagan esto en memoria de Mí." De la misma manera tomó la copa después de haber cenado, diciendo: "Esta copa es el nuevo pacto en Mi sangre, que es derramada por ustedes. "Pero, vean, la mano del que Me entrega está junto a Mí en la mesa.-Lucas 22:13-21

"Ya saben que dentro de dos días se celebrará la Pascua, y el Hijo del hombre será entregado para ser crucificado". Mateo 26:2

El primer día de la fiesta de los panes sin levadura, se acercaron los discípulos a Jesús, diciendo: "¿Dónde quieres que hagamos los preparativos para que comas la Pascua?" Y Él respondió: "Vayan a la ciudad, a cierto hombre, y díganle: 'El Maestro dice: "Mi tiempo está cerca; quiero celebrar la Pascua en tu casa con Mis discípulos."'" Entonces los discípulos hicieron como Jesús les había mandado, y prepararon la Pascua. Al atardecer, estaba Jesús sentado a la mesa con los doce discípulos. Y mientras comían, dijo: "En verdad les digo que uno de ustedes Me entregará."-Mateo 26:17-21

Mientras comían, Jesús tomó pan, y habiéndolo bendecido, lo partió, y dándoselo a los discípulos, dijo: "Tomen, coman; esto es Mi cuerpo." Y tomando una copa, y habiendo dado gracias, se la dio, diciendo: "Beban todos de ella; porque esto es Mi sangre del nuevo pacto, que es derramada por muchos para el perdón de los pecados. "Les digo que desde ahora no beberé más de este fruto de la vid, hasta aquel día cuando lo beba nuevo con ustedes en el reino de Mi Padre." Y después de cantar un himno, salieron hacia el Monte de los Olivos.-Mateo 26:26-30

Antes de la fiesta de la Pascua, sabiendo Jesús que Su hora había llegado para pasar de este mundo al Padre, habiendo amado a los Suyos que estaban en el mundo, los amó hasta el fin. Y durante la cena, como ya el diablo había puesto en el corazón de Judas Iscariote, hijo de Simón, el que Lo entregara,-Juan 13:1-2

Entonces Jesús respondió: "Es aquél a quien Yo le dé el pedazo de pan que voy a mojar." Y después de mojar el pedazo de pan, lo tomó y se lo dio a Judas, hijo de Simón Iscariote. Y después de comer el pan, Satanás entró en él. Entonces Jesús le dijo: "Lo que vas a hacer, hazlo pronto."-Juan 13:26-27

Después del canto de los Salmos, salieron hacia el monte de los Olivos. Marcos 14:26

Entonces uno de los ancianos me dijo: "No llores; mira, el León de la tribu de Judá, la Raíz de David, ha vencido para abrir el libro y sus siete sellos." Y cantaban un cántico nuevo, diciendo: "Digno eres de tomar el libro y de abrir sus sellos, porque Tú fuiste inmolado, y con Tu sangre compraste (redimiste) para Dios a gente de toda tribu, lengua, pueblo y nación. Y los has hecho un reino y sacerdotes para nuestro Dios; y reinarán sobre la tierra." Y miré, y oí la voz de muchos ángeles alrededor del trono y de los seres vivientes y de los ancianos. El número de ellos era miríadas de miríadas, y millares de millares, que decían a gran voz: "El Cordero que fue inmolado es digno de recibir el poder, las riquezas, la sabiduría, la fortaleza, el honor, la gloria y la alabanza." Y oí decir a toda cosa creada que está en el cielo, sobre la tierra, debajo de la tierra y en el mar, y a todas las cosas que en ellos hay: "Al que está sentado en el trono, y al Cordero, sea la alabanza, la honra, la gloria y el dominio por los siglos de los siglos."-Apocalipsis 5:5.9-13

Oí como la voz de una gran multitud, como el estruendo de muchas aguas y como el sonido de fuertes truenos, que decía:"¡Aleluya! Porque el Señor nuestro Dios Todopoderoso reina. "Regocijémonos y alegrémonos, y démosle a Él la gloria, Porque las bodas del Cordero han llegado y Su esposa se ha preparado." Y a ella le fue concedido vestirse de lino fino, resplandeciente y limpio, Porque las acciones justas de los santos son el lino fino. El ángel me dijo: "Escribe: 'Bienaventurados los que están invitados a la cena de las Bodas del Cordero.'" También me dijo: "Estas son palabras verdaderas de Dios." -Apocalipsis 19:6-9